# 以愛領導的德蕾莎修女

MOTHER TERESA

原《以愛領導的實踐家》

王樵一 著
李家同 序

主流出版社 出版

# 目次

# 李序

今年（二〇一七）是德蕾莎修女逝世二十週年。回想這位奉獻畢生心力於照顧窮人、病人、無所依之人、痲瘋病人及垂死之人的修女，她的風範依舊深深感動世人。她「用大愛做小事」的精神，可說是「僕人領導」的典範。

許多人以「貧民窟的天使」、「愛的天使」來稱呼這位在印度加爾各答照顧窮人的修女，但各種稱號都沒有Mother Teresa來得貼切，而且家喻戶曉。為了要服務窮人中的窮人，她讓自己成為窮人，只有三套衣服。她不穿襪子，只穿涼鞋；她的住處除了電燈以外，唯一的電氣用具是電話，電腦等一概沒有。連她身邊的修士修女們也都要成為窮人，修士們連手錶都不准戴，只有如此，被修士修女們服務的窮人才會感到有一些尊嚴。

因為修士修女們過著窮人的生活，德蕾莎修女不需太多的金錢。她從不募款，雖然以她的聲望，只要她想辦一次慈善晚會，全世界的大公司都會慷慨解囊，可是她永遠不肯。

她不願意這樣做，為的是確保她的修士修女們的純潔。她們沒有公關單位，顯然也是這個原因。

當我在二十餘年前有機會採訪到德蕾莎修女，並在垂死之家做了三天的義工，親眼看到他們為窮人所做的一切，才可以體會到這種替窮人服務的精神，他們不只是在「服務」窮人，他們幾乎是在「事奉」窮人。

很多人替窮人服務，總給人高高在上的感覺，總讓窮人感到自己是在接受施捨，德蕾莎修女卻是一個真正尊敬窮人的人。德蕾莎修女對窮人的尊敬，有時不大容易被世人了解（她甚至曾在信函中以窮人陛下稱呼窮人）。我們大多數人都能夠同情窮人，只有極少數的人能夠近距離關懷那些骨瘦如柴的乞丐，更少的人敢深入世界最骯髒、最悲慘的貧民區，親手去觸摸那些貧病交加、垂死之人的手。德蕾莎修女之所以如此勇敢地投身這個悲慘世界，完全只因為她對窮人有一種出自內心的尊敬。她之所以要過非常簡樸的生活，也是由於她對窮人的尊敬。

德蕾莎修女因服務窮人的事工獲頒許多獎項，但名聲對她來說並不代表什麼。她曾說，不是她重要，而是這項工作重要。德蕾莎修女最大的貢獻是她將關懷和愛帶到人類最黑暗的角落，她超凡的愛感動了許多人，改變了許多人的生命。多少人因此變得更加懂得真正去愛、真正去付出，我應該就是其中的一個。

王樵一弟兄編著的這本《以愛領導的德蕾莎修女》非常細膩地描述德蕾莎修女的生平，及她一生為窮人所奉獻無與倫比的愛心。在他筆下，德蕾莎修女細微的心思讀來讓人動容；她獨排眾議的堅持令人欽佩；她的謙卑——將一切歸功於基督之愛，特別發人深省。她讓我們深刻體認到：具體實踐出來的愛，具有永不止息的力量。

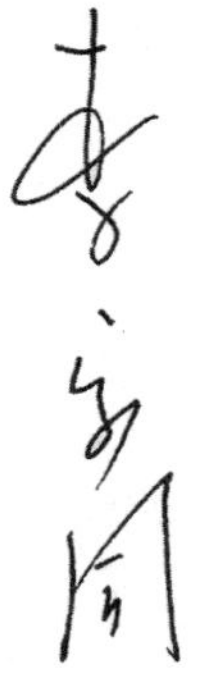

李家同（國立清華大學榮譽教授）

# 第一章

# 代替世界上的所有窮人領獎

我們全都是基督手中的器皿，
努力做一點小事就會離開。

——德蕾莎修女

一九七九年的諾貝爾和平獎，是從包括美國前總統卡特在內的五十六個候選人中評選出得主。一九七九年的諾貝爾和平獎，是史上最沒有爭議的其中一次。因為，該年諾貝爾和平獎頒予印度加爾各答仁愛修道院的創辦人——德蕾莎修女。

頒獎前夕，德蕾莎修女在得知慶祝晚宴所需要的支出後，還主動要求取消，希望主辦單位將這筆錢捐給加爾各答的窮人。德蕾莎修女說，這七千塊美金，只能供一百三十五個人享用豪華的國宴，但如果把錢捐給加爾各答的仁愛修道院，修女們就可以讓在加爾各答的一萬五千人飽餐一天。

這是諾貝爾獎頒獎典禮自一九〇一年以來，第一次有得獎者主動要求取消宴會。

## 以愛領導的典範

當德蕾莎修女以一襲價格僅一美金的純白棉布「紗麗」（Sari）出席頒獎會場時，引起全場來賓熱烈的掌聲。

領獎時，德蕾莎修女講了這麼一段話：

這項榮譽，我個人不配領受。我以天主的榮耀接受此獎，同時代表世界上所有飢寒交迫、流落街頭和傷殘疾病的人們，以及那些被忽略、未被關懷的人們。我以他們的名義來領獎。和平獎使得貧富之間相互了解。今天，我在這裡強調關愛窮人，因為窮人也同樣是上帝親手所造，並被祂關愛的子民。因此如果我們背棄窮人，就等於是背棄基督。如果我們傷害窮人，就等於是傷害基督。我們的窮人是偉大的，他們需要我們的尊重，也需要我們的愛與重視。

請記住上帝賜給我們的禮物，就是要我們彼此相愛。我們都可以用上帝的禮物，做我們所能做到的事情，讓我們為了基督，讓他人分享我們的愛心吧。讓我們像祂愛我們一樣，彼此相愛吧。

但我願意代替世界上所有的窮人、病人和孤獨的人，來領受這個獎項。因為我相信，你們是願意藉著頒獎給我，而承認窮人也有尊嚴，也有在這世界上生存的權利。

**面對這項榮譽，德蕾莎修女說：「不是我重要，而是這項工作重要。」**

和德蕾莎修女同年入圍諾貝爾獎的前美國總統卡特，最後在二〇〇二年，也獲頒諾貝爾和平獎。

一九八〇年六月的某一天，德蕾莎修女和卡特幾乎在同一時間抵達西班牙馬德里，各自進行演講。

卡特講的是歐洲一體化、美國在西班牙的投資，以及西方安全問題。

德蕾莎修女講的則是窮人的地位、彼此相愛以及仁愛。

德蕾莎修女曾在頒獎典禮上說：「和平並非只有一種，政治並非謀求和平的唯一手段。」她說，她是個革命者，但她革命的方式與要素卻只有一項，那就是「愛」。

德蕾莎修女是個以愛領導的實踐家。她以愛領導，以身作則，為世界帶來巨大而美好的改變。

德蕾莎修女的一生，值得關心人類前途的你我一起來了解。

# 第二章　一條簡單的路
## ——德蕾莎修女降生馬其頓

世界貧窮是人類缺乏愛的原因，
貧窮是因為我們拒絕與他人分享的結果。

——德蕾莎修女

一九一〇年八月二十六日，一位名叫愛格妮斯（Agnes Gonxha Bojaxhiu）的女嬰，誕生在阿爾巴尼亞人統治的馬其頓共和國首都斯科普里（Skopje）。愛格妮斯在家中排行老三，哥哥拉薩瑞斯，姐姐愛格薩，父親尼可拉．鮑查修，母親特拉納。父母都是虔誠的天主教徒。

隔天（八月二十七日），愛格妮斯在天主教聖心會的教區受洗。

德蕾莎修女的母親，在德蕾莎的生命中，種下了相當深遠的影響。她教導德蕾莎和其他小孩：

無論什麼時候，都不能失去愛和慷慨；對上門乞求的窮人，不可讓他們空手離去。而且在給予的時候，必須面帶微笑，盡量親切，不可讓他們自尊受損。畢竟，沒有人喜歡被救濟的感覺。

你吃東西時，要隨時準備好與沒有東西吃的人分享你的食物。

雖然那些人跟我們沒有血緣關係，雖然他們很窮，但是他們仍然是我們的弟兄姊妹。

## 醫治貧窮的藥方

德蕾莎修女的母親身體力行，參與許多慈善會。除了向人傳揚上帝的福音，還參與不少服務窮人的事工。

大概是受母親影響，愛格妮斯從小便很關心窮人，甚至對貧窮有非常獨特的見解。有一次，愛格妮斯全家一起上教堂。在教堂門口，她看到很多窮人正在排隊領麵包。於是便轉頭問他的父親：「爸爸，你有沒有醫治貧窮的藥？」當時德蕾莎修女的父親除了經營一家建築營造廠，另外還開辦了藥局。

德蕾莎的父親聽了之後，很感動地說：「到現在為止，還沒有任何醫治貧窮的藥，如果妳能夠發明這種藥，我一定非常高興。」

愛格妮斯長大後，果然發現了一種名叫「愛」的藥，治癒了無數的貧窮。

## 一切都會消失，唯有愛永遠長存

一九一九年，愛格妮斯九歲時，父親擔任市議員。有一天，她的父親參加完政治性集會回家後，突然臉色大變，嘴角不斷流出鮮血，緊急送醫，卻回天乏術。醫生的診斷結果是中毒致死（有人懷疑，是政敵對愛格妮斯的父親下毒）。父親去世，使得愛格妮斯的母親必須獨力扶養三個孩子長大。

遭逢喪父變故的愛格妮斯並沒有呼天搶地、咒罵敵人，反而是靜靜地、哀傷地寫下這段小詩：

他燃燒的心關愛
妻兒和國家
如絢麗的玫瑰
墜落於破爛衣衫

多年後，德蕾莎修女說：「這首詩希望人要相信愛，無論看到的是仇恨，還是毀滅，都要相信愛。」要相信，即使一切都會毀滅，一切都將消失，愛仍會長存。

父親死後，工廠的合夥人侵吞了父親的所有財產。家中經濟狀況逐漸惡化，母子四人窮得連棲身之處也沒有。對於這樣的變故，母親並沒有怨天尤人，只是開始變賣家產，並且平靜地對三個小孩說：「這些東西不過是身外之物罷了。」

不久，母親開了一家小店，以販賣布料、手工織毯與刺繡維生。沒料到，生意意外興隆，逐漸改善家裡的經濟狀況。

有一天，母親在路上遇到一名長了腫瘤的女人，她的家人不願意幫助她，使她失去棲身之所，蒙受比身體病痛還重的傷害。母親對她說：「請來我家吧！讓我來照顧妳。」就把這名素昧平生的女人帶回家了。

一回到家，母親便對孩子說：「孩子們，我們有客人來了！」這名女人聽到德蕾莎的母親所說的話，備受感動，了解自己雖然身體病痛、衣衫襤褸，但仍然像個人一樣被尊重。

母親在街頭撿回來的女人最後依然不治，她在彌留之際，對德蕾莎的母親說：「恩人，我該怎麼報答您？」沒想到，母親只淡淡地說：「您什麼也不需要做，好好保重自己，就是對我最好的報答。」

這一切，都看在童年時代的愛格妮斯眼裡。

# 第三章 決志奉獻一生

使我作祢和平之子，在憎恨之處播下祢的愛。
在傷痕之處播下祢寬恕，在懷疑之處播下信心，
在絕望之處播下祢盼望，在幽暗之處播下祢光明，
在憂愁之處播下歡愉。

哦，主啊！使我少為自己求，少求受安慰，但求安慰人；
少求被了解，但求了解人；少求愛，但求全心付出愛。
使我作祢和平之子，在赦免時我們便蒙赦免；
在捨去時我們便有所得，迎接死亡時我們便進入永生。

——聖方濟各和平禱文

學生時代的愛格妮斯，課業成績相當優異。課餘時間，則參加教區主辦的教義問答班、聖詩班與青年團契。少女時代的愛格妮斯喜歡讀信仰偉人的傳記，特別是聖方濟傳，更對愛格妮斯影響深遠。

對於童年時代的回憶，德蕾莎修女後來回憶說：「我們全家人心心相連，特別是在父親過世後，更是相互扶持。大家都全力以赴，希望所有的家人都能夠快樂。我們是一個團結快樂的家庭。」

母親非常樂善好施，自己的生活雖然艱苦，但總是不吝於幫助窮苦人家。「記住，即使這些人不是我們的骨肉至親，即使他們都是窮人，他們仍然是我們的弟兄。」母親總是這樣教導愛格妮斯。

十二歲時，愛格妮斯第一次感受到上帝的呼召，要她今生以佈道宣教為職。此後，這份呼召長存小愛格妮斯心裡。當時的愛格妮斯亦不曾間斷地參與瑪利亞之女的活動，且甚為活躍。在教區神父的鼓勵下，愛格妮斯前往世界傳教的心愈發火熱。

愛格妮斯十五歲時，參加了教區的青年團契，名叫聖母會。聖母會的聚會活動很多，其中一項是閱讀耶穌會傳教士從孟加拉、印度等地寄回的信件。這些信件除了介紹當地的宣教工作外，還談了不少當地的社會狀況。有封信就這樣寫著：

這裡的生活極為貧苦，即便鐵石心腸的人看到都會落淚。人們非常窮困，每天都有數千人餓死。

這些介紹當地狀況的信，深深打動了愛格妮斯的內心。她難以接受這世界上竟然有如此悲慘的苦難和貧窮存在。她無法忽略這些聲音，這些聲音在她心裡逐漸盤旋擴張。她心裡想著，或許自己可以做點什麼。

有一天，愛格妮斯到火車站時，碰巧遇到了一個剛從印度回來的神父，愛格妮斯立刻迎上去問：「神父，您剛從印度回來嗎？」並且在車站隨意找了個地方拉著神父坐下，要他多講一點印度的事情給她聽。

再有一天，主日崇拜時，一位新來的神父打開一卷世界地圖。這張地圖上標示著許多奇怪的標誌。此時，年輕神父問大家：「有誰能告訴我，這地圖裡的標誌是什麼意思嗎？」

愛格妮斯站起來回答說：「我知道。」於是愛格妮斯走到地圖前，指著地圖其中的一個標示說：「這是耶穌會神父於一九二五年在孟加拉成立的傳教區，有兩名南斯拉夫傳教士……」接著愛格妮斯又陸續指著其他幾個標誌，如數家珍地介紹起天主教在世界各地宣教區的情況，令年輕神父非常驚訝。

聚會結束後，神父叫住愛格妮斯說：「妳如此熱心，應該受到獎勵。我把愛爾蘭羅雷托修女會的地址給妳，她們在加爾各答有宣教工作，如果妳願意，可與她們通信。」

一九二八年，愛格妮斯高中畢業。有一天，一位常來她們家募款的神父前來拜訪。神父這次上門，是為了羅雷托修女會的幾個即將起程前往加爾各答宣教的修女而來募款。

神父走後，愛格妮斯突然有股強烈的渴望湧上心頭：「我也要到印度加爾各答，去事奉主耶穌，去為窮人服務。」

愛格妮斯深信，神的呼召已經臨到，她不能推諉逃避，得積極面對才行。於是，她決定加入修女會。

當天晚餐的時候，愛格妮斯在餐桌上對母親和姐姐說：「我有一個想法，希望得到妳們的允許。請讓我回應天主的呼召，我想加入羅雷托修女會，我想到印度當修女。」

母親聽到愛格妮斯的話，心頭五味雜陳、百感交集。信仰上帝的母親，最渴望的便是有子女願意為主獻身；然而，獻身卻也代表自己將失去一個孩子。

但是，幾番掙扎後，母親還是答應了。

然而，當愛格妮斯把這件事告訴在遠方擔任騎兵隊軍官的哥哥後，卻得到冷淡的回應。哥哥回信：「妳不知道這樣做，是在斷送自己的前途嗎？」

愛格妮斯看了哥哥的信，甚感苦惱。因為她盼望能夠得到全家人的支持和鼓勵。於是，愛格妮斯寫了一封信給哥哥說道：「親愛的哥哥，身為一名為擁有兩百萬臣民的君王服務的軍官，你認為你的地位很重要。你知道嗎？我也是一名軍官，只不過，我服事的是整個世界的君王。」

後來，愛格妮斯憑著無可挑剔的考核成績，順利通過修女會入會測驗。

一九二八年十一月，修女會安排愛格妮斯前往羅雷托修女會位於都柏林附近的總會，擔任望會生。十八歲的愛格妮斯為自己往後一生的道路，作了一個重大而且終身無悔的決定：

奉獻一生，為主做工。
服事窮人，直到見主。

# 第四章

# 成為德蕾莎修女

清心的人在飢餓的人中、在赤身露體的人中、在無家可歸的人中、在寂寞的人中、在無人聞問的人中、在無人關愛的人中、在痲瘋病人中、在酗酒的人中、在街上躺著的乞丐中，得以見主。

我們必須在愛中成長，為此我們必須不停地去愛、去給予，直到成傷。

——德蕾莎修女

一九二八年十一月二十九日，愛格妮斯抵達了愛爾蘭首都都柏林附近的羅雷托修女院總會，成為見習修女，這裡將是愛格妮斯服事神的起點。

羅雷托修女院創建於十七世紀初，由英國的華瑪莉所創建，旨在服務青少年中的貧困不幸者，尤其是社會底層的貧苦女孩，並為她們開辦學校。直到一九〇九年，羅馬教廷才正式承認這個修會的存在。

在天主教的修會系統，修女要經歷備修、望會、初學、初願與復願等過程，最後才能取得終身神職人員的資格。到了修女會的愛格妮斯，首先接受的是語言訓練。因為愛格妮斯打算前往印度加爾各答，所以必須學習英語。

愛格妮斯在此受訓時，每週得陪一些孩子出去走走。這些孩子會兩兩排成縱隊，愛格妮斯往往和最調皮的孩子走在最後面。有一次，有個女孩手裡握著一枚硬幣，每當隊伍來到一個攤販前，她就不斷地說著：「我要買這個。」

不久，隊伍經過一位盲人乞丐，盲人乞丐伸出一隻手坐在地上。愛格妮斯發現，這個女孩變得沉默，不再吵著要買東西。接著，她看到女孩將手裡的硬幣默默地放在盲人乞丐手裡，然後跟著隊伍繼續前進。

這件事給愛格妮斯很大的啟示，真正的奉獻是無聲的，不求對方感謝，無意引起任何人注意（包括受贈者）。

六個月後，愛格妮斯就被派往印度大吉嶺分院。臨行之前，院長和修女們聚集在一起為愛格妮斯祝福、祈禱。院長說：「妳就要去印度大吉嶺初學了，為了表示與過去的生活切割，需要一個新的名字。妳想取什麼名字？」

愛格妮斯想起了聖女小德蕾莎（或譯：「小德蘭」），小德蕾莎是傳教士的主保聖女，也是她一生效法的榜樣。愛格妮斯想成為一位宣教士，更想像小德蕾莎一樣，傾一生之力，活出對主的愛。於是抬頭對院長說：「德蕾莎，我就叫德蕾莎！」

院長微笑著說：「很好。就取這個名字。妳以後就是德蕾莎修女了。」

## 小德蕾莎——我的天職就是愛

吸引我的，不是天堂，而是愛。
是上主，又被上主所愛，然後再回到人間，
使人熱愛「愛」。

——小德蕾莎

小德蕾莎，一八七三年一月二日出生於法國虔誠的天主教家庭，原名馬爾定·瑪麗·方濟各。父母婚前都曾經立志進入修道院，但皆未能如願。小德蕾莎有四個姐姐，這對虔誠的父母，把五個小孩都獻給基督。

十四歲時，小德蕾莎跟父親前往羅馬朝聖。大膽地向教宗提出請求，允許她十五歲就加入修會。雖然教會拒絕她在二十一歲前進入任何修會，但她還是在十五歲就進了聖母聖衣會。

加入修會後，小德蕾莎為自己取了聖名作「嬰孩耶穌德蕾莎」。在這座小修院，她僅僅當了九年的隱修修女就因病去世，年僅二十四歲。

然而，奇蹟卻在小德蕾莎過世後接踵傳開。生前沒沒無聞的小德蕾莎，羅馬教廷竟在她死後二十八年內，收到二十多萬封請願書，要求冊封她為聖徒。

一九二五年五月，羅馬教廷宣布她為聖徒。兩年後，更欽定她為「普世傳道主保」。法國更視她為法蘭西的第二保護者，與聖女貞德齊名。她也被稱為原子能時代的光明，當代最偉大的聖女，當代最偉大的萬靈神醫、安慰天使、愛德聖師。

一九九七年，小德蕾莎去世一百週年時，羅馬教廷將她列入四大女聖師之列，並尊封為最偉大的神修家之一，因為她曾興起了一場波瀾壯闊的神修革命。

為何生前沒沒無聞的小德蕾莎，竟然在死後贏得無數的光榮？原來，是她所寫的一本自傳小書《一朵小白花》感動了無數世人。

這本書是小德蕾莎身患重病後，應院長之命所寫的。這是當時加爾默羅修會的慣例，修會裡有修女去世後，要把修女的生平和言行印成書面資料，贈送給其他修會姊妹。當初，院長要求小德蕾莎寫這本小書的目的就在此。

小德蕾莎去世隔年，自傳出版。沒想到隨即引爆閱讀狂潮，不斷再版之外，還翻譯成多國語言，這是所有人始料未及的。原本只是筆記集結而成的小書，竟然感動這麼多的修女和修士，以及無數讀者。讀者透過文字感受到主的慈愛偉大，更切實感受小德蕾莎這朵小花在世上綻放。

教會甚至認為，小德蕾莎這本自傳開闢了一條啟迪世人的「神嬰小道」，亦即在靈性方面，當一個小小嬰孩，把自己徹底獻給主、交託給主、倚靠主，這在當時是開闢了一條全新的當代靈修途徑。

愛、上帝愛人類、愛本身，就是小德蕾莎思想的全部奧祕。下面是小德蕾莎自傳中的片斷節錄：

愛的科學，啊！這句話在我心靈的耳朵裡迴響，是甜美的，我不要想別的，我只要這個，就像聖經雅歌裡的配偶一樣，為了愛對方，付出一切，卻感到什麼都沒有付出。

我希望我在天父手裡，是一朵小小的花，一朵沒有用處的花。但它的樣子和芳香，能讓天父心曠神怡，為天父添加一點快樂。

若沒有愛，一切的行為即使驚人，也等於虛無。耶穌不要求我們做大事，只要我們把自己完全交給祂，倚靠祂，向祂感恩，我既然是微小的，就不專為別的，只單單為愛神及犧牲自己，以這些鮮花獻給天父，好討祂喜悅。

愛是無所不能的，最不可能的事情，在愛看來都是容易的、甘心的。要知道，我們的主並不看重我們的行為偉大與否、艱辛與否；祂只看重我們裡面愛的熱情。

如果我富有，看到可憐的挨餓者，卻不立即給他一點財物，那是不可能的。真正的愛，是能忍受別人的一切缺點，對別人的軟弱毫不見怪，對別人的小德小行，卻要效法感激。尤其我明白，愛不應該藏在心裡。

## 我不說什麼，我只愛祂

病痛中的小德蕾莎難以成眠。有一次，照顧她的修女問說：「妳在做什麼？」小德蕾莎回答：「我無法好好睡覺，我痛得厲害，只有祈禱。」修女問她：「妳跟耶穌說什麼？」小德蕾莎說：「我不說什麼，我只愛祂。」

臨終之前，小德蕾莎說：「吸引我的不是天堂，而是愛、是上主，又被上主所愛，然後再回到人間，使人熱愛『愛』。」

小德蕾莎最後在筆記本上寫下：「愛與信靠。我必不死，我正在進入生命。」教宗碧岳十世說，小德蕾莎的重心在平凡的事物中。她欣然而慷慨並持之以恆地，完成神對她的呼召。她最特殊之處就在於她的純樸。

小德蕾莎之所以偉大不凡，正在於她甘於小；能夠小，且願意平凡，甘於平凡。她說：「我承認全能的主確曾行神蹟在我身上，其中最大的一件便是，使我感到自己的無能、自己的渺小。」

小德蕾莎在平凡的生活中，成為偉大的聖人。這是她所要傳遞給世人的訊息。無論你的生活多麼平凡、平淡、無趣、瑣碎、感到沒有意義、虛無渺小，我們仍能靠著主的力量成聖。因為，神就在每一個人心中，沒有一個人是平凡的，每個人都是神獨特的創造。然後，得以用獨特的方式來愛祂。

# 第五章 走出高牆

誰需要我們幫助，我們就幫助誰。
不管他是伊斯蘭教徒，或是印度教徒。
因為每個人——不管是誰——在神眼中都一樣，
都由同一雙慈愛的手創造。

——德蕾莎修女

一九三一年五月二十四日，德蕾莎修女發了第一次聖願（按照天主教規定，第一次聖願是暫時性的，要等到第二次才是終身性的發願）。發願之後，隨即被派往加爾各答特來社區的聖瑪莉中學，擔任地理和歷史教師。

抵達加爾各答的德蕾莎修女，放眼望去盡是貧窮悲慘的景象。大街上到處是無家可歸的人，重病、殘障、被棄養、飢餓與垂死的人。雖然她早年便聽說加爾各答的慘況，但親眼所見的衝擊，還是久久無法平息。

聖瑪莉中學是羅雷托修女會創辦的教會學校，學生都是來自加爾各答上流社會、健康活潑的千金小姐。

一九三七年五月，德蕾莎修女返回大吉嶺完成第二次聖願。

一九四四年，升任聖瑪莉中學校長。

## 我現在做的，難道是神要我做的嗎？

在學校任職的十七年裡，德蕾莎修女盡心竭力地辦學，師生都很喜歡她。然而，心裡卻一直有個聲音盤旋：「我知道這裡的工作非常重要，可是我究竟做了什麼來幫助那些受苦的人減輕痛苦？我來這裡是要為窮人服務的，卻一直為富人服務，我現在做的，難道是神要我做的嗎？」

她沒辦法忽略高牆外加爾各答大街上，滿目瘡痍和貧窮悲慘的光景。她無法假裝這一切都不存在或沒有發生。修院的高牆雖然保護了她，卻也隔絕了她的奉獻。牆內綠草如茵，牆外哀鴻遍野。修院的舒適生活，令她深感不安。

德蕾莎修女深信，上帝也一定關心牆外的人。她說：「他們都是上帝的兒女，有權享受祂的恩典。我想把上帝的愛帶給他們。」德蕾莎修女決定主動打破高牆，走進加爾各答大街。

於是，德蕾莎修女開始在課餘時間走出校園，到大街上幫助那些可憐的人，幫忙包紮傷口、送食物，和他們聊天說話。

有一次，德蕾莎修女從街頭帶了二十四位女孩回到修道院，打算教她們讀書，但是這些女孩根本不習慣修道院的生活，集體逃跑了。這件事給德蕾莎很大的啟示：「如果要為窮人服務，就必須走出高牆，把自己變成窮人；否則，這種服務只是居高臨下的施捨。誰會喜歡被施捨的感覺？」

德蕾莎修女開始禱告，等待上帝的旨意降臨。

# 第六章

# 我渴了、我很渴

如果……我只是路過就走掉，
我就不會是個仁愛傳教修會的傳道者。

——德蕾莎修女

一九四六年九月十日，德蕾莎修女在卡培拉修女的陪同下來到加爾各答火車站，準備搭車前往大吉嶺避靜。這一天對德蕾莎來說十分重要，是她生命中的聖召日。因為在這一天，她聽到了神對她的呼召。

火車站內亂哄哄，到處都是乞丐。正當德蕾莎打算穿過人群走向車廂的時候，突然聽到一個聲音，彷彿遙不可及卻又近在耳邊，輕聲地說著：「我渴了，我很渴。」

德蕾莎修女不由自主地停下了腳步。她尋聲而去，企圖找到聲音來源。發現人群中有個悲苦的老人朝她伸出一隻瘦弱的手，虛弱地說：「我渴了，我很渴。」

德蕾莎的胸口頓時彷彿遭到重擊。她心中悲苦不已，彷彿失去知覺，直到卡培拉修女催促她上車才回過神來，並急忙掏出銅板，扔向老人腳邊。然而老人尚未彎腰拾起銅板，便有個男孩一溜煙把銅板撿走了。

火車終於開了。德蕾莎站在車廂門邊，看到那個老人不斷地向她喊著：「我渴了，我很渴。」並且走向車廂，卻因為身體太過虛弱而停下腳步。

火車終於駛離車站開向大吉嶺。德蕾莎坐在火車上望著窗外的風景，心中無比難過。她為老人的悲慘情況、為世道的光景悲傷，更為自己心中莫名的不安感到不知所措。於是她禱告，祈求神的安慰。

## 我渴了、我很渴

不久，火車開到一個小站，暫時停下來休息。德蕾莎走到車廂門口，看到三等車廂裡滿是衣著破爛的窮人，正你推我擠的拚命往前。她心想：「我愈是觀察世界，愈感到自己享有的特權，他們都無法擁有。為什麼有這些差別？我們不都是上帝的兒女嗎？」德蕾莎修女想得出神了，不自覺地走到三等車廂，直到卡培拉修女前來將她拉走。

火車終於到達大吉嶺。然而，大吉嶺的優美風光並沒有讓德蕾莎的心情變得輕鬆。她不斷地想著加爾各答車站裡那個向她喊著「我渴了，我很渴」的聲音。那股聲音裡，充滿令德蕾莎無法躲避的內在力量，貫穿她的生命，使她感到無比沉重，始終無法擺脫。於是，德蕾莎只好禱告。禱告中的德蕾莎突然感覺神的啟示臨到了她。「喔！原來，這就是神對我的呼召。」

神藉悲苦的老人之口向她呼喊：「我渴了，我很渴。」是要她進到窮人裡面去服事窮人。因為服事窮人就是服事基督。因為那些貧苦、受難、飢餓、過著破碎生活的人，正是基督的苦難化身；若是看不見這點，就無法看見正在為人類受苦的主耶穌。

## 愛上帝的必經之路

「我渴了」，典出新約聖經〈約翰福音〉十九章28節。當主耶穌知道自己被釘十字架，一切都將完成之後所說的話。說出「我渴了」之後，旁邊有個盛滿醋的器皿，有人用海綿沾了一些醋，綁在牛膝草的桿子上，送到耶穌口中。耶穌嚐了那醋，便說：「成了！」便低下頭，把靈魂交付給神了。

「我渴了」，對德蕾莎修女來說，是耶穌代表古今中外所有受苦難者，向人類發出的深層呼喊。渴是身體的需求，也是盼望心靈的滿足。

也因此，在德蕾莎修女後來成立的仁愛傳教修女會的會章中，便有一段是這麼寫的：「我們的目標，是使耶穌在十字架上對靈魂之愛的無盡渴望得到滿足……我們在貧苦者中服事耶穌，我們照顧他、餵養他、給他衣服、探視他。」

服事窮人，就是服事耶穌。

對德蕾莎修女來說，身為基督的門徒，必須每時每刻傾聽神向世界與我們發出的飢渴呼求。

耶穌曾說：「我餓了，你們給我吃；渴了，你們給我喝；我作客旅，你們留我住；我赤身露體，你們給我穿；我病了，你們看顧我；我在監裡，你們來看我……這些事你們既做在我這弟兄中一個最小的身上，就是做在我身上了。」

誰是那飢渴、流落異鄉、赤身露體、生病、下監的弟兄中，最微小的那一個？不正是那被歸為不可觸摸者的賤民嗎？不正是世上那一切無家可歸、飢餓貧苦，以及受病下監的人嗎？

貧窮者的飢渴，不只是物質上的缺乏，更是愛的缺乏。這世上除了飢餓和貧困，更可怕的是無止盡的孤獨和冷漠。人們的心孤獨又冷漠，找不到歸處，找不到寄託，期盼愛卻又不可得。

德蕾莎修女認為，服事窮人就是服事耶穌，以微笑分擔窮人的痛苦和貧窮，是她這一生工作的核心與根本。愛人是我們愛上帝的必經之路，沒有人可以說愛上帝卻恨惡他的弟兄或家人朋友。除了愛，沒有其他的路可以通向上帝。如果我們連身邊整日可見的人都不愛的話，說愛那不可見的上帝，豈不是虛妄？

## 德蕾莎修女論耶穌

耶穌是世人共有、共用的真理。——德蕾莎修女

十字架，是受到主恩寵的所在。

我們往往有視而不見的習慣，因而必須反省，自己是否能夠真的看見窮人，以及那些正遭受苦難的人。

每個人都必須背起自己的十字架，去感受耶穌當年的受難。

我們能夠為耶穌、為世人犧牲嗎？

若我們不願意倒空自己，上帝是不會把祂的愛與光放進我們心裡的，而我們也無法將祂的愛散播給世人。

是耶穌找到了我們、選擇了我們，而不是我們選擇了耶穌、找到了耶穌！守貞不只代表不結婚，還代表全心全意地把自己奉獻給基督。沒有分割、綿延不絕、濃烈、鮮活而真實地愛基督。

我們愛基督嗎？

主耶穌說：「你們奉我的名無論求什麼，我必成就。」

耶穌愛世人，甚至獻上自己，成為世人的生命之糧。

假若上帝自己不曾以各種樣貌出現在人間，我們就不會去愛祂。正因為祂曾取了人的形象，和世人無異，嘗過各樣苦難。

上帝造我們，是要我們彼此相愛。

不要讓任何事情影響你對耶穌的愛，你全然屬祂，沒有任何事情可以將你和祂分開。

耶穌是我們喜樂、力量的源頭，即便面臨諸多苦難，祂從不撇棄你！

耶穌在世的時候，關心的是罪人、遭人遺棄、不被疼愛、流浪各地的人。耶穌關心沒有人關心的人。

窮人要的不是一片麵包，而是你我的關心和尊重。德蕾莎修女說：

耶穌是道成肉身。
耶穌是生命之糧。
耶穌是犧牲者，祂為了世人被釘十字架。
耶穌是贖罪者，祂讓所有人藉著祂的受死、復活而獲得救贖。
耶穌就是道路、真理、生命，世人必須傳揚。
耶穌就是光，世人必須點燃。
耶穌就是乞丐，世人應給予微笑。
耶穌就是醉漢，世人應當聆聽祂。
耶穌就是智能障礙者，世人應當保護祂。
耶穌就是孩童，世人應當擁抱祂。
耶穌就是盲者，世人應當引導祂。
耶穌就是啞巴，世人應當對祂說話。
耶穌就是跛子，世人應當陪祂走路。
耶穌就是吸毒者，世人應當友善對祂。
耶穌就是賣淫者，世人應當幫祂脫險、好好帶祂。

第六章

## 我渴了、我很渴

耶穌就是囚犯，世人應當造訪祂。
耶穌就是長者，世人應當服事祂。
耶穌就是生命，世人應當擁有。
耶穌就是愛，世人應當愛祂。
耶穌就是喜樂，世人應予以分享。
耶穌就是平安，世人可以獲得。
耶穌就是飢餓者，世人應當提供食物。
耶穌就是口渴者，世人應當供應水源。
耶穌就是裸露者，世人應當提供衣服。
耶穌就是無家可歸者，世人應當給予棲息之處。
耶穌就是病患，世人應當予以診療。
耶穌就是孤寂者，世人應當給予關懷。
耶穌就是被遺棄者，世人應當給予收容。
耶穌就是痲瘋病患，世人應當清洗祂的傷口。
耶穌是我的主。

耶穌是我的生命。
耶穌是我最愛的人。
耶穌就是我的一切。
耶穌是我最重視的至寶！
我全心全意把一切交付給祂，包括一切的罪。

你聽到心中那聲「我渴了」的呼喊了嗎？你知道要如何回應祂對你的呼求嗎？

# 第七章 他們只是太窮了

你是偶然地生來就是印度人，
我則是後天自願選擇要當印度人。

——德蕾莎修女

在大吉嶺聽到神呼召的德蕾莎修女回到加爾各答後，馬上就去拜訪神父，告訴神父這件事情。她對神父說：「神再度呼召我，要我跟隨祂到窮人中，去幫助那些最貧苦的人。」

聽完德蕾莎修女的話後，神父有些擔心。因為天主教的隱修女一旦發願，便很難更改。而且，隱修女是不能入世服務的。但是，神父最後同意，將德蕾莎修女的心意向加爾各答的主教報告，再由主教向教廷報告，請求教廷裁決。

主教聽完神父的報告後，跟神父說：「請她一年之後再寫信給我，如果那時候她還願意的話。在此之前，這件事就不要再提了。」

（主教希望德蕾莎修女等候一年，乃是害怕其呼召來自於自己的感動，而非神。等待，經常是確認決心不可缺乏的要素。）

然而，德蕾莎修女被服務窮人的渴望深深打動。還不滿一年，又寫了第二封信給主教。最後，主教同意幫她將信轉交羅馬教廷。

神父雖然對此不表樂觀，但德蕾莎卻深具信心，並且說：「這是上帝的計畫，不是我的計畫。」寫信之後，便是漫長的等待。在等待的過程中，德蕾莎獲得印度公民的身分。她曾說：「我屬於世界，我的責任是服務全世界的窮人。但在我內心深處，我總覺得自己是個印度人。」

在等待教廷批准的日子裡，德蕾莎依然擔任學校教職。有一天，她帶幾名學生外出。在回學校的路上，碰到一位老婦人裹在一塊破布裡，病得奄奄一息，甚至有老鼠和蟑螂在啃食她，她都沒有感覺。學生們一看到這個情景，嚇得躲到德蕾莎修女身後。

在老婦人身處的這條街上，全都是窮人。德蕾莎修女對著這些人喊道：「這個女人要馬上送醫院，她就快死了，難道你們沒看到嗎？」然而，卻沒有一個人回應德蕾莎的呼喊，反而視她為怪物。畢竟，貧窮和疾病所導致的死亡，在這裡老早就是家常便飯，人們早已麻木。

得不到回應的德蕾莎修女在老婦面前蹲下，跟她說：「放心，我會照顧妳的。」便跟人借了輛車，用最快的速度將她送到公立醫院。

沒想到，醫院拒收這名老婦。

醫生說：「醫院太擠了，沒有多餘的空間收容這種病人。醫療資源是很珍貴的，用來幫助這樣瀕死的人，是一種浪費。」

德蕾莎修女並不放棄：「她也是人啊，是上帝的子民啊！」

醫生無奈地說：「我了解您的感受，但是我也沒辦法。」隨即轉身要走。

德蕾莎著急地說：「那怎麼辦，難道我們就眼睜睜看她死去嗎？」

醫生說：「送她去別的醫院試試看吧！」

但是，車主已經不願意幫忙載這名老婦了。德蕾莎面對這樣的挫折，並沒有責怪車主或醫生。對她來說，無論遭遇任何光景，她從不論斷人。在她看來，論斷人不是愛的表現。耶穌說過：「你們不要論斷人，免得你們被論斷。因為你們怎樣論斷人，也必怎樣被論斷；你們用什麼量器量給人，也必用什麼量器量給你們。為什麼看見你弟兄眼中有刺，卻不想自己眼中有梁木呢？」

德蕾莎修女隨後抱起老婦人，把她抱在懷裡。輕輕地搖晃拍打她，溫柔地對她說：「沒事了，不要怕。」並一直在老婦人身邊照顧她。最後，醫院被德蕾莎感動，便收下這名老婦人。

經過這件事，德蕾莎修女感觸很深。行善，不能焦躁，必須耐心等候時間到來。

等到事情告一段落，德蕾莎修女準備啟程回修院時，天色已經完全黑了。走著走著，竟然走到全然陌生的地方。不斷有人向她粗暴地叫喊，想討錢和食物。

受驚的德蕾莎修女不禁快步前行。此時，有個人抓住修女，對她說：「妳走這麼快幹嘛？妳身上藏了什麼嗎？修女！」

幸好此時聖瑪莉中學的工友哈瑞來了。受驚的德蕾莎看到哈瑞才放鬆了心情。
德蕾莎對哈瑞說：「沒想到，這裡這麼亂。」
哈瑞說：「算您幸運，校長！他們都是一些……」
德蕾莎馬上打斷哈瑞的話，接口說：「不、不，哈瑞，他們只是太窮了。再說，是我不習慣他們，我一定要習慣才行。」
這一天的遭遇讓德蕾莎修女深深體會到，想要服事窮人，光有愛與熱情是不夠的。還必須有無比的耐心、勇氣、堅強的意志力，以及對貧窮的深刻了解、接納與習慣，才有辦法進到窮人之中，為窮人服務。
服事窮人，不能只靠熱情、理想，還要靠恆久堅定的毅力與愛。

## 買布

一九四八年四月十二日，教宗批准了德蕾莎修女的請求，獲准以修女身分離開修道院，進入加爾各答。特別觀察期為一年，一年後再評估德蕾莎是否適合繼續她的工作。
得知消息後，德蕾莎修女所做的第一件事情便是去買布。

進到布店，德蕾莎在布店一堆華美的布料中，挑了一塊最便宜的棉布。老闆看了連忙對德蕾莎說：「在印度，只有最貧窮的婦女才穿這種粗布料。」德蕾莎笑了笑，說：「這就是我要的。」然後用這塊布料做了一件紗麗，款式正是印度貧民婦女的典型樣式。

對德蕾莎修女來說，窮人也是上帝寶貴的兒女。既然神呼召她去服務窮人，她當然必須和他們一樣。然而，這套白色紗麗，後來竟成為全世界最美的服飾，象徵著神的仁愛與慈悲。就像曾經是羞辱印記的十字架，因著主耶穌的緣故，成為榮耀的表徵。

神父還交給德蕾莎一本筆記本，說：「這是主教送妳的，要妳把這一年所經歷的一切全都寫下，他相信，這將會很有意義。」又說：「如果妳要幫助窮人，或許會需要援助。主教非常樂意幫忙引薦總督。」

德蕾莎修女連忙說：「不需要！我不打算這麼做。」

神父擔心地問：「那妳打算從哪裡著手？」

德蕾莎說：「我也不知道，我只知道我必須先走出這道高牆。這如果是神的工作，就一定會成功；如果只是我的工作，就不會成功。」

## 走出高牆

一九四八年四月十二日，德蕾莎修女三十八歲，放棄學校校長的職務，放下隱修女的聖職，走出高牆，進入加爾各答大街，遍地尋找神呼召她去服事的窮人。從此，再沒有回到高牆之內。

試想，我們是否願意走出心裡、生活中那道富裕的高牆，進入世界，去幫助那些和我們一樣都是上帝兒女，但卻貧困、病痛的人們？

# 第八章 偉大的窮人

我們對窮人最不公平的地方，
就是認為他們一無是處。
我們忘了尊重，
忘了以上帝子民應有的尊嚴對待他們。

——德蕾莎修女

## 速成醫術

德蕾莎修女獲得特准觀察一年後，隨即前往巴特納的聖家堂醫院學習護理技術。德蕾莎知道，要照護加爾各答的窮人就必須具備專業的護理技術。

醫院院長得知德蕾莎的來意後，說：「修習完整的醫療護理技術，至少要兩年。」但德蕾莎並沒有這麼多時間可以耽擱，於是她加快學習速度，每天除了吃飯睡覺，全部的時間都投入學習，常常一天花十六小時以上學習。不到半年，德蕾莎便學習了所有的課程。

另外，德蕾莎還想到，因為要照護窮人，自己絕對不能錦衣玉食，要吃和窮人一樣的食物。此後，德蕾莎開始和窮人吃一樣的食物。最初只吃鹽和米飯，但因營養不良昏倒，在其他修女的勸說下，改吃最簡單的食物，但也只吃素食。

德蕾莎修女認為，除非你和貧困者過一樣的生活，否則無法了解他們。如果他們熱，我們就跟著熱；他們渴，我們就跟著渴；他們吃什麼，我們就吃什麼。

## 人性中崇高的愛和品德

有一天，德蕾莎修女在街上發現了四名無家可歸的人。有一個身體狀況極差，於是，德蕾莎對跟她一起出門的修女們說：「妳們去看護那三個，這個由我來照顧。」由於此人身體狀況極差，藥石罔效，德蕾莎只能以最大的愛心去照顧他，安頓他，握著他的手，撫摸他的頭和臉。沒想到，這名病困交加的人竟然笑了，握著德蕾莎修女的手，充滿感恩的說了聲謝謝，然後安祥地死去。

這幕景象令德蕾莎非常震撼。她發現，這個人並沒有對她抱怨過隻字片語，只是微笑地向照顧他的修女說了聲「謝謝」。德蕾莎在他身上看到了人性中崇高的愛和品德。

又有一次，德蕾莎在街頭遇到一名瀕死的老者，把他帶回修道院照顧，替他清洗，安慰他。老人臨終之前說：「我像畜生一樣，在街上打滾乞活了一輩子，但今天妳們卻讓我像個天使般死去。」

德蕾莎對於身處如此卑賤貧苦光景的老人，竟然可以說出這樣的話而十分感動。他污穢不堪地活了一輩子，卻沒有任何怨懟，沒有說任何人的壞話，也沒有責怪社會和命運，只是平靜地接受自己的命運。

## 窮人的偉大

一九八三年十一月，有位記者來到加爾各答拜訪德蕾莎修女。德蕾莎對記者說：「有個貧民窟很少人去探望，若是你有興趣，可以去看看。」

第二天還沒天亮，記者就來到這個貧民窟。他找了老半天，發現一個賣麵包的小販，記者花了三十盧比，買了一百四十個麵包。當記者拿著麵包到了貧民窟，所有人都被麵包香氣吸引，蜂擁靠近記者。記者被這一幕給嚇壞了，因恐懼即將降臨的暴動而開始膽戰心驚、不知所措時，卻發現窮人們一個人只拿一個麵包，便退到外圍去，讓後面的窮人繼續往前。看似混亂擁擠的人潮，其實非常有秩序。除了需要餵養孩子的母親外，沒有任何人多拿一個麵包。

這和好萊塢電影（乃至許多靠想像撰寫悲慘文學的文人）醜化窮人的光景相當不同！這些窮人仍然有其品格與尊嚴，兀自遵守著窮人之間彼此照顧、互相體諒的原則。窮人們雖窮，但彼此相愛的心卻沒有減少。

這就是窮人的偉大！

## 奉獻的真諦

如果你把剩餘的分給窮人，那沒有什麼了不起。因為你心裡知道，你還是很安全。但是，如果你什麼都沒有，卻仍能把所獲得的一點點和人分享，那才是真正的偉大。

有一個乞丐遇到德蕾莎修女，便對她說：「修女，這是我今天乞討到的二十九分錢，我看很多人都捐款給妳，我也想把全部奉獻給妳。」

德蕾莎心想，如果我收了乞丐的錢，他今天就要餓肚子了；然而不收，卻會傷了乞丐的自尊心。最後，德蕾莎伸出雙手，微笑地收下這二十九分錢。然後，乞丐開心地笑了，笑的如此燦爛和滿足。這件事給德蕾莎非常大的啟發，即便如此卑微的乞丐，若是願意，一樣可以幫助人。

乞丐的奉獻雖然非常微薄，但看在上帝眼裡卻最為寶貴，因為那是窮人一切所有的擺上，裡面有滿滿的愛。神看重的是奉獻的心意，而非金錢的多寡。

窮人日復一日地活著，所求無非就是有尊嚴地活下去。因此，若要幫助窮人，請不要奪去他們的自尊心。

第八章

# 偉大的窮人

## 德蕾莎修女論貧窮

上帝不曾創造貧窮，貧窮是世人所造。
在祂面前，我們都是窮人。
我們不應該可憐他們，而應該以同理心對待他們。

——德蕾莎修女

貧窮，其涵義並非渴望糧食或物質的滿足，窮人更渴望的，是作為人的尊嚴。然而，我們生活無虞的人，卻往往在這些事上犯錯，用力把這些人撞到一旁。我們不但拒絕給予窮人一片麵包，甚至還認為他們不值得我們付出。

有一次，一名年約十五、六歲的男孩跑去找德蕾莎修女，希望索討一點肥皂。男孩說：因為家裡沒有肥皂，姐姐的紗麗沒洗，去上學卻被趕回來，如果有肥皂可以洗衣服，姐姐就能去學校完成學業。德蕾莎修女知道這個男孩家裡曾經很有錢，如今家道中落，成為貧戶。因為貧窮，這對姊弟就得承受莫名的屈辱，這就是我們社會對待窮人的方式。

我們把這些人遺棄在街頭，踐踏他們的尊嚴，從未想到他們和我們一樣，都是上帝的子女，都擁有人類該有的尊嚴才是。

當今世人，除了渴求麵包，更渴求愛，盼望自己是別人所需要、所關愛的人。

每個國家、每個地方都有窮人，有些人的貧窮展現在精神上而非物質上。這些人寂寞、失望，找不到生命的意義，沒有盼望。

我們很容易關切遠方的窮人，卻看不見鄰人的貧困與需要。

物質的貧窮，只要麵包、衣服、房屋就可以補足；但心靈的貧窮，卻需要無盡的愛與關懷。

富裕國家中的人們在精神上的貧窮，可以說是窮人中的赤貧。他們欠缺的精神食糧，遠超過物質食糧。除非富裕社會的年輕人能夠真切體會何謂「一無所有」，否則將無法體會基督的受苦與窮苦生活的真義。

富有的人任憑欲望淹沒一切，大吃大喝，一個欲望連接另一個欲望，不斷增添個人需求，其結果就是無法控制自己永不滿足的心。一個人唯有保持空無的心，才能夠讓主將他填滿而獲得真正的富足。

主耶穌在世的時候，便是在貧窮的環境長大成人，我們應該竭力成為像基督般的窮人。祂是為了世人而忍受貧窮之苦，我們不該比祂富足，否則便是我們的恥辱。主本可選擇以君王的樣式過完一生，但祂卻取了奴僕的形象，貧苦地走完一生。祂想告訴我們的，我們聽到了嗎？

貧窮是一種自在。因為貧窮，我們深知所有的一切都不可能永遠屬於我們。既然如此，便不會為了這些東西而向人彎腰屈膝，甚至願意分享自己的一部分或全部給他人，就像耶穌向一名有錢的少年人說的：「變賣你所有的，……來跟從我。」

我們盼望社會不再有階級鬥爭，而只有階級合作。富人救濟窮人，窮人救贖富人。當我們每個人面對上帝時，我們都是完全的窮人。我們的貧窮在於，我們無法用謙卑的心，確實承認接納自己的一切過錯、無助、空虛、需要、希望和乞求，更缺乏溫柔、體貼、開朗、喜樂與關懷他人的心。如果我們不願作個靈性的窮人，就應該起而行，去愛人、去付出，不再自私自利。

仁愛修會不但服務的對象是窮人，更和窮人一起過貧窮的生活，吃和窮人一樣的食物。德蕾莎修女相信，一起熱、一起冷、一起吃、一起住，唯有如此，窮人的心才會願意敞開。

貧窮不只是沒有衣服穿、沒有食物吃，更是被人遺棄、不被關愛。遭到忽視遺棄，才是最可怕的貧窮。這些人就在我們的周遭，可能是我們的鄰居、朋友或家人。唯有去服務他們，我們才會活的像耶穌，成為神憐憫世人的見證者。

窮人需要的不是憐憫或同情，他們需要實際的幫助。而在幫助窮人的過程中，收穫最多的將是我們自己。

窮人的不可思議在於他們內在的尊嚴和勇氣，竭力開闢自己的生存之路，只是盡了全力卻還是失敗了。若我們留意，便可發現這份高貴的情操，但我們往往漠視、忽略，因為我們瞧不起他們，不把他們放在眼裡。

窮人就是我們禱告的對象。他們每個人都有神的形像在其中。神造萬物，看一切為美好。窮人也有神美好的旨意，是我們無法參透的奧祕。

## 做在主身上

主說祂渴的時候，我們是否正在大吃大喝、快要撐破肚皮？

主說祂沒有衣物遮體時，我們是否正大肆購物，滿足自己無窮盡的欲望？

主說祂無處棲身時，我們是否正考慮購置第二棟房屋，好收租賺錢？

主說：「這些事你們既做在我這弟兄中一個最小的身上，就是做在我身上！」

苦難是上帝的化身，貧窮是祂賞賜給我們最寶貴的禮物，讓我們有機會去服事窮人，去改變窮人的光景，體會上帝的恩典。

然而，我們真切體會到了嗎？

# 第九章

# 窮人就是十字架上的耶穌基督

聖潔就是除去我身上一切不屬於上帝的東西，
聖潔就是微笑地遵行上帝的旨意。

——德蕾莎修女

## 一桌、一椅、一床的陋室

學成醫療照護後的德蕾莎修女，回到加爾各答，前往神父安排的寄宿家庭。女主人出來應門，一看到德蕾莎修女，便脫口說：「妳怎麼走到大門來了，妳應該去後門，在那裡我會給妳食物的。」（因為此時德蕾莎修女已經改穿印度最貧困婦女才會穿的白色紗麗，因此女主人誤認修女是上門來乞討的窮人。）

德蕾莎趕緊解釋來意，女主人驚訝地表示歉意。答應借住的女主人起先並不十分情願，推託著向德蕾莎說：「修女妳也看到了，我家並不大，但人口可不少。」這時，家裡的小孩卻說了：「樓上不是有兩個空房間和閣樓嗎？」

主人尷尬地說：「好像是吧！不過，那些房間都太簡陋了，不適合修女住！」

德蕾莎趕緊說：「不！愈簡單愈好！反正我也都不會在家，我只是需要一個睡覺的地方而已。」

德蕾莎修女都這樣說了，主人不答應也不行，便帶著德蕾莎上樓。德蕾莎選了最小、最簡單的閣樓，房間裡只有一張床、一張桌子、一把椅子。主人說：「家裡還有很多用不到的家具，修女如果有需要，可以自行挑選。」但修女在往後的寄宿日子裡，從未使用多餘的家具，就連桌椅都甚少使用。

此時，德蕾莎已經準備妥當，有了醫療護理技術，開始吃和窮人一樣的食物，穿最劣質的紗麗，住最簡單的房子。就在這裡，德蕾莎即將展開她一輩子服事窮人的工作。

## 窮人就是基督的身體

當你在電視媒體或馬路上，看到骯髒破敗的窮人時，你看到什麼？又會有什麼樣的反應？厭惡、同情、憐憫、疼惜？

德蕾莎修女說，當我們看見那些殘破不全的身軀、骯髒的衣服，我們需要非常虔誠的信仰，唯有如此，眼睛才能「看見耶穌」，並知道這些人是基督最美好的化身。

當我們接觸這些因痛苦、受傷、折磨的身軀時，需要的不是我們的手，而是基督的雙手，以祂那濃烈而無止盡的愛，付出關懷。

慈善工作並非發自內心的善念，而是我們對於神的愛的自然流露。它不求回報，因為那是神榮耀的彰顯；不求功德，因為一切榮耀都是主的，我們只是主用以服事的器皿。唯有神的愛，我們才可能甘心樂意地去做人們所不願意做的事情，就像仁愛修道院對窮人的服事一般。

德蕾莎修女在窮人身上找到了耶穌基督，以及祂豐厚無比的愛。

你找到你的上帝了嗎？

第九章

# 窮人就是十字架上的耶穌基督

## 服事窮人的祕訣

有一次，一名印度官員來找德蕾莎修女，希望修女能代為訓練一批工作人員，因為官員實在非常羨慕仁愛修會的工作效率。

沒想到德蕾莎說：「若是人們不能在苦難者身上看到耶穌，就不可能把服事窮人的工作做得徹底。當我們服事窮人時，我們是在服事耶穌。當我們安慰被遺棄的人、病人、孤兒、瀕死之人時，都是在服事耶穌。領取食物的是祂，穿衣服的是祂，受探訪的是祂，被安慰的也是祂。我們的生命不為別的，專為耶穌基督而活、而行動。」這就是仁愛修會之所以壯大堅韌的祕訣。

仁愛修會的精神是：完全臣服於上帝；並且對他人懷著愛的信任，快樂地面對所有人。我們必須心悅誠服地接受苦難，懷著愉悅的信任過貧窮的生活，快樂地在窮人中的窮人服事耶穌。

神喜歡快樂的給予者，帶著微笑付出，讓接受者感到獲得最好的禮物。如果你隨時準備好回應上帝，自然能夠微笑面對所有的事情，也能在主的祝福下去愛，直到成傷。

基督就是德蕾莎修女送給人們的微笑，也是人們帶給她的微笑。無論做什麼，微笑地去做，把微笑分給需要關心的人，是一種美的體驗。發自內心的對人微笑，你就是把神的愛與世人分享了。

即便你什麼都不做，但卻真心地向需要關心的憂傷痛悔的人微笑，專心看著他們，注視他們，握他們的手，聽他們訴苦，陪伴他們一程，那就夠了。

與其奉獻捐款，還不如靠近窮人，讓他們知道有人是真的關心、愛護他們。無論他們曾經遭受怎樣的嘲笑，被藐視和輕忽遺忘，這一刻起，都將有人愛他、關懷他，與他一同承擔苦難。

不要以同情的眼光看待窮人，窮人也有其尊嚴，不容蔑視。

對窮人最好的服事，是陪伴他們、和他們同在一起，那便足夠了。同在一起，意味著分享關愛與安慰。你以為你什麼都沒做，殊不知，你已經做了那最大的事。

在仁愛修會裡，悲傷、痛苦、貧窮、疾病、死亡的黑暗並不能打倒他們，反而令他們更加安寧、喜悅、平安與祥和。

曾經有一組記者前往仁愛修會採訪，發現屋子裡非常地暗，攝影記者研判要拍照是不太可能成功了，因為屋裡的光線太微弱。但是遠道而來的記者不甘心就此收手，還是要求攝影記者拍了一卷錄影帶。

沒想到回去播放後，影像異常清晰。或許，是這些修女釋放出來肉眼看不見的愛與關懷的能量，光照這黑暗的屋宇吧！

# 第十章 拯救窮人並非浪費

如果有人不幸餓死，不能怪罪主不照顧他們；
而是因為你我沒有
順從主，作祂愛的工具。

——德蕾莎修女

在印度，傳統觀念認為，發生在人身上的一切都是「業」。窮人之所以窮，富人之所以富，乃至生活中所遭遇的每一件大小事都是「業」果。因此，是自作自受，是應得而無須改變的。

有一次，德蕾莎修女到藥房向一位老闆募捐藥品，老闆以德蕾莎無法付錢為由拒絕了。轉身離開的德蕾莎修女邊走邊禱告，因為她看到滿是受苦的人，心裡憂傷，就為這些人祈求神的憐憫和恩典。沒想到，藥房老闆突然追了上來說：「好吧，修女，我把藥免費送給妳好了！」

這是神的恩典，感動了那些原本冷漠的人。

神的手就是我們的手。如果我們的手不做神的聖工，還有誰該去做？

正是這些連名字都不知道的無名氏，支撐起德蕾莎修女的工作。無論是一開始，還是到後來遍及全世界的窮人事工。

成就這一切的，是每一顆善良的心，而不是那些富有的、看似奉獻許多的名流貴族。

## 成立臨終之家

有一天，德蕾莎修女搭火車前往巴特納醫院尋求醫療資源協助。在火車上，修女看見路旁一棵大樹前，有一名流浪漢靠著樹而坐，模樣十分虛弱，似乎快要死了。德蕾莎很想下車看他，但火車不能說停就停；當火車一靠站，德蕾莎修女馬上往回狂奔。沒想到當她趕到樹下時，這人已經斷氣了。

德蕾莎心想，若臨終之人能有人陪在身邊，即便說幾句話也好，這人一定也會感到較為安慰吧，不至於死得如此孤單寂寞。於是，德蕾莎有了創建臨終關懷院的想法。這大概是現代史上最早的安寧病房的想法吧！

但是，德蕾莎修女一無所有，當時她所居處的摩提吉貧民窟太過貧窮，既骯髒又簡陋，實在不合適。後來，竟是那位原先不太願意借房間給德蕾莎住的屋主慷慨解囊，再加上摩提吉貧民窟裡窮人的集體奉獻，才有一個房子作為臨終之家。

這個房子雖然簡陋，卻是集合眾人愛心所建造的。德蕾莎修女幫它取了一個美麗的名字──尼爾瑪麗德，意思是「淨心之家」。

當年在加爾各答，每天有超過三十人病死街頭。每天早晨，都可以看到有人推著手推車在街頭巷尾收拾屍體，像清掃垃圾一樣抬走街頭的屍體。如此悲慘的光景下，再有同情心的人，都會被耗損殆盡；再柔軟的心，都可能因為太過密集的悲傷，而變得麻木。

但也因為這樣，當德蕾莎修女照護瀕死之人的事工被媒體披露後，開始有人抱怨德蕾莎浪費社會資源，他們認為拯救那些再過幾個小時就會死去的人，沒有什麼用處。然而，德蕾莎卻認為，就算是垂死之人也是人，也是生命，也是上帝所寶貴看重的，也同樣尊貴。

德蕾莎修女成立臨終之家後，很快就住滿了從街頭找回來的病人。修女和義工們幫忙這些人簡單處理傷口，聽他們說話，甚至只是握著他們的手，看著他們，陪他們走人生最後一哩路。

對天主教徒來說，臨終前有一定的儀式。對印度教徒來說，若是臨終前能接觸到恆河之水，則是最神聖的儀式。德蕾莎修女並不用天主教的儀式對待瀕死之人，而是根據每個人的信仰，安排送他們最後一程。

或許有人批評德蕾莎修女照護臨終之人是浪費社會資源，更有人說，與其捕魚給他們吃，不如教他們釣魚。然而，這世界上有一群絕對赤貧者，連學釣魚的力氣和時間也沒有，或者想學也終究學不會的窮人，他們難道不需要被關心、照顧嗎？

德蕾莎想服事的窮人，就是被遺棄中的被遺棄者，貧窮中的赤貧之人。對她來說，拯救窮人並非浪費。因為上帝看每一個生命都一樣寶貴。

# 第十一章

# 背著貧苦者上天家

裡面有許多生命，
你看了就知道。

——德蕾莎修女

## 把窮人當家人

有天清晨，德蕾莎修女來到摩提吉貧民窟，整個摩提吉散發著一股惡臭。這裡沒有自來水，人們吃喝洗滌，都用池塘裡的水。池塘附近則是堆放垃圾的地方。人們就靠著在那堆垃圾中尋找東西過活。這裡的房子都是鐵皮、茅草或竹子隨意搭建而成，甚至根本稱不上是房屋，僅只是遮風避雨的居處。但這裡卻住了好多人，且住了好久。

德蕾莎修女走近他們，開口說：「您們好，我叫德蕾莎，是天主教的修女。我跟你們一樣窮，但可以教小孩念書，希望你們幫助我。」

德蕾莎修女說完後，一陣沉默，沒有人回答。因為摩提吉的人們不知道德蕾莎從哪裡來？來做什麼？讓人好奇，又讓人疑惑。

孩子們則直接對修女喊：「給我錢，修女！給我錢，修女！」並把一雙雙烏黑的小手伸向德蕾莎。最後發現修女並沒有錢，便失望地退去了。

這時，有一個孩子沒走，站在德蕾莎的身旁，德蕾莎彎下腰看他。原來，這個小孩只剩一條腿，另外一條腿的截肢處仍在流血。修女想給他藥品，小孩卻說只要食物。德蕾莎修女堅持要替他上藥膏，於是孩子抓著藥膏便一拐一拐地走了。

德蕾莎修女尾隨過去，發現孩子的住處只是一個狹小的窩棚，裡面躺著一名婦人和兩個孩子，三人都又餓又瘦。

這時德蕾莎修女才知道這男孩名叫巴布，婦人是他的母親，因肺結核臥病在床，另外兩人是他的弟弟和妹妹。

德蕾莎很想幫他們，但身邊什麼都沒有，於是把身上僅有的抗生素全給了巴布。巴布的母親感激地向德蕾莎道謝後，便說：「後面還有一個生病的老人，請您也看看他吧，修女！」

德蕾莎聽到這話，非常激動。決心無論如何，一定要幫助他們。

窮人需要的不只是麵包，更希望有人愛。窮人赤身露體，不只需要衣服，更需要尊重。德蕾莎修女把所有窮人都看成自己的家人，對於家人總是只有盡力照顧。

第二天，德蕾莎又到了摩提吉，並開始在樹下替孩子上課，教她們認字；沒多久，孩子愈聚愈多。德蕾莎也挨家挨戶拜訪貧民窟裡的父母，告訴他們，唯有教育才是擺脫貧窮的方法。如果連基本的算術和認字也不會，則人生很難開展出光明之路。

被說服的父母們都答應讓孩子們接受德蕾莎修女的教育，因為他們開始相信，德蕾莎並不會危害孩子，而不是因為他們被說服相信教育的好處。

德蕾莎認為一個人雖然窮，但要窮得乾淨而有尊嚴，不能骯髒隨便。因此，她給孩子們肥皂，教他們洗澡，還教導他們基本的衛生習慣，如飯前洗手、修剪指甲等等。

## 意外的挑釁與援助

有一天，德蕾莎正在樹下上課。有個不客氣的男人開口便說：「這個歐洲女人來這裡做什麼？她究竟要什麼？」

另一個男人搭腔說：「她在教小孩基督教的神，想改變他們的信仰。」

巴布的母親也在其中，開口替德蕾莎分辯說：「不！她只是在教小孩認字，希望給孩子的未來一點希望，難道你們看不出來嗎？」

但人群裡隨後便有人說：「不，她是在製造麻煩！」

巴布的母親說：「你才是在製造麻煩！」

這事就暫時這麼算了。

隔天，德蕾莎在前往上課的路上，看到一個看似沒有人要的孩子，正準備帶回去照顧時，有個女人衝出來說：「這是我的孩子，請還給我。」德蕾莎嚇了一跳，連忙解釋說：「我看他一個人在那裡哭，以為被拋棄了，所以想帶回去照顧。」

女人連忙把孩子搶回手中說：「他是我的孩子，我沒有拋棄他。」

德蕾莎便向女子表明意圖，希望能夠幫忙代為照顧這孩子。孩子的母親說：「不，我不需要妳。妳究竟想幹什麼？妳想偷走我的孩子，對不對？」於是，便嚷嚷了起來。

聽到聲音後，有人群圍了過來。有個男人凶惡地抓起德蕾莎修女，罵了一堆難聽的話，並凶狠地問：「妳究竟想幹什麼？妳來這裡，到底想獲得什麼？妳想把我們的孩子都變成基督徒，是吧？」

這群人完全不聽德蕾莎的解釋，修女只好在心裡默默禱告。

突然間，孩子的母親大聲叫喊：「她想偷走我的孩子，這個白種女人要偷我的孩子！」在一旁聽見叫喊的孩子的父親隨即大怒，從腰間抽出兩把刀子，向德蕾莎揮舞砍了過來，並出言恐嚇說：「滾出摩提吉！」

千鈞一髮之際，有個青年衝過來搶下刀子，並把孩子的父親推倒在地。救了德蕾莎修女的青年名叫秋廸，是曾經被德蕾莎修女救過的一個孩子。

隨後，人群便散去了。

德蕾莎向秋廸道謝，秋廸反而說：「修女，該是我來回報妳的時候了。」於是便追隨德蕾莎修女，成為第一位跟隨德蕾莎的義工。

## 褻瀆女神的女人

人們總因宗教的派別起衝突。「非我族類，其心必異」的想法，在各大小宗教中都有。德蕾莎修女的臨終之家成立不久，便被加爾各答的印度教徒抗議，這些人聚眾到臨終之家前面，遊行示威，人數甚至上千人。

儘管德蕾莎修女不斷地向這些人解釋，她所做的不過是希望讓窮苦人或垂死之人贏得一些尊嚴，走得像個人，並不打算改變任何人的信仰。但反對者不相信她，儘管他們親眼看見德蕾莎修女如何分別替這些不同信仰的窮人施行印度教、佛教、基督教、伊斯蘭教的告別儀式。

德蕾莎修女說：「我該做的，是幫助印度教徒成為更好的印度教徒，穆斯林成為更好的穆斯林，基督徒成為更好的基督徒。」

德蕾莎那寬廣的愛，是因為她深信一切都有神的旨意，而她只是盡本分地完成神所要她做的工作；其餘的，她並不過問、也不干涉。

德蕾莎修女深知神的奧妙，所以對於許多事情，不以自己的好惡思考，她尊重每一個人，包括宗教信仰。

然而，臨終之家的處境，並沒有因為德蕾莎修女虔誠的信仰，或行為的大公無私而有所改變。這些自認為有身分地位的印度教徒，紛紛對加爾各答的宗教團體提出抗議。他們認為，臨終關懷院褻瀆了卡里神廟。

有一天上午，德蕾莎修女抱著一個從垃圾桶撿回來的嬰兒，回到臨終之家。她遠遠便看見門口聚集了一群男人，修女知道他們的意圖，便低頭想從旁繞道進去。沒想到還是被當中一個男人發現了，一把抓住她，說：「妳沒有權利待在這裡，妳褻瀆了這塊聖地。」

德蕾莎修女說：「我只是想把神的愛帶給這些垂死的人。」

這群人一聽到德蕾莎的話，更加憤怒地喊著：「不是我們的神，是妳的上帝，滾出摩提吉去。」

## 入住臨終之家的卡里神廟的住持

就在這樣衝突不斷的狀況下，抗議聲浪愈演愈烈。直到一個身分特殊的病人，被送進臨終之家，情勢才出現轉機。

德蕾莎修女的臨終之家，除了自行上街找尋病人外，政府也會將一些沒有任何醫院願意接納的病患轉送過來。這個身分特殊的病人，就是透過政府機構轉介過來的，而他的身分，竟然是卡里神廟的住持。他被虔誠的印度教徒視為聖人，但現在患了嚴重的肺結核，卻被加爾各答所有的醫院拒絕收留。

當住持搬入臨終之家時，外面正有住持的信徒示威抗議。住持問了每個住進臨終之家的人都會問的問題：「為什麼？我這麼敵視你們，妳怎麼可能真心關心我？」

修女回答說：「因為我愛你，我對你的愛，如同上帝的愛。」

住持說：「印度人相信受苦是因為業，藉由身體的疼痛，我們才能了解神。」

德蕾莎修女說：「基督教導我們，就連好人或無辜之人也會受苦。」

住持病得厲害，但他努力撐起身體，伸手撫摸德蕾莎修女身上的十字架，說：「那是妳的神，當我看到祂在十字架上受苦時，我不禁要問，祂究竟做了什麼壞事，才落得如此下場？」

德蕾莎修女說：「那是基督，祂偉大的愛，為了世人才被釘上十字架，祂擔負人類的罪，為人而犧牲。」

德蕾莎修女的話才說完，臨終之家一面窗戶的玻璃便被石頭砸碎了。接著傳來修女們的尖叫聲。德蕾莎沿著尖叫聲往外看，發現這些示威男人正在焚燒修會的會服。

德蕾莎修女站了起來，對修女們說：「我必須出去和他們談談。」修女們拉住了她說：「不行，他們會傷害妳的，我們必須找人幫忙。」

德蕾莎卻說：「如果他們殺了我，那麼我剛好就可以提早見主了。」

就在此時，外面突然安靜下來，只聽見一個男人的聲音說：「修女，你們聽著，政府命令你們搬出這個房子，直到議會重新評估你們的使用權；如果你們不離開，那麼政府就要強制執行。」

原來是德蕾莎修女在市議會遇到的那個官員。

德蕾莎修女在心中默禱後，便從容地走出去。官員看到德蕾莎便說：「我早就提醒過妳了，如果發生紛爭，只好請你們離開，如果你們不願和平離開，只好逮捕你們。」

德蕾莎修女說：「這裡有許多病人根本無法動彈。如果你們執意要我們離開，便請進來看一看吧！」

官員說：「裡面有死人，我不能進去。」

德蕾莎修女卻說：「裡面有許多生命，你看了就知道。」

德蕾莎修女目光如炬，望向官員，眼裡閃爍著不可抗拒的亮光，官員猶豫了一下說：「好吧！」

走到門口時，官員對德蕾莎說：「妳知道事情有多嚴重嗎？如果你們不肯離開，將會被逮捕，我會將這些病患移送到政府的收容機構。印度人有足夠能力照顧自己，不需要你們幫忙。」

但是，當官員走進屋內，他呆住了。屋裡的人沒有一個不是重病纏身，骯髒恐怖，身體潰爛，有氣無力，奄奄一息。但卻有修女在旁服事，幫忙清理那長滿蛆的傷口。

官員的心情異常複雜，說不出話來，既恐懼又感動。這時，急促的咳嗽聲引起官員注意，回頭看是誰在咳嗽，發現竟然是卡里神廟的住持。官員吃驚地問：「您怎麼也被她們收留了？」

住持用力撐起身體對官員說：「記得甘地說的話。我們隨時都應該想到最貧窮和無助的人，我們應該經常反問自己，我們究竟為他們做了什麼，而窮人又能獲得什麼？」

官員默默看著住持，什麼都沒說，便走了出去。

示威群眾看見官員出來，拚命向他歡呼，以為官員已經讓德蕾莎修女屈服了。沒想到，官員對著這群男人說：「我答應你們，我會驅逐她的，我會的。但是，除非我看到你們的父母、兄弟姊妹，每天來這裡接替她們的工作，我才會來這裡驅逐這個修女。」

此後，沒有人再來找德蕾莎修女的麻煩。尤其當印度教徒們得知住持的事情後，態度大為改觀，不但不反對德蕾莎修女的工作，還幫忙上街找尋病人，並且開始奉獻捐款給德蕾莎修女。有些到神廟參拜的印度教徒還會轉到隔壁的臨終之家看看，順便帶些日常用品過去。

有一名印度教徒說：「我現在知道你們在這裡做什麼了！你們把這些不幸的人拖回來，然後再把他們揹到天堂。」

德蕾莎修女說：「我們試著告訴窮人的，是我們無法解決你的問題，但無論你是何等光景，神依然愛你。不管你痊癒與否，神對你的愛不曾減少。而我們在此便是要表達這份愛。無論痛苦如何折磨，神必然以不變的愛來愛你。」

第十一章

# 背著貧苦者上天家

## 德蕾莎修女論苦難

凡勞苦擔重擔的人可以到我這裡來，
我就使你們得安息。

——馬太福音十一章28節

有一次，德蕾莎修女從一名被送到醫院的年輕愛滋病人口中聽到了這段話。這個年輕病人不曾認罪悔改，領受聖餐，一點都不認識基督，但他卻說：「德蕾莎院長，妳有沒有想到，我會做這些事。當我頭痛得厲害，我就拿耶穌硬是被人加上王冠荊棘的那種痛苦來相比；當我的背疼痛無比，我就拿耶穌遭受鞭笞的痛苦來相比；當我的手腳十分劇痛，我就拿耶穌被釘死十字架的痛苦來相比。我求妳把我帶回收容中心，我希望過世時有妳陪在我身邊。」德蕾莎修女聽到回到愛滋之家的年輕病人對於神的一切侃侃而談，讓她深覺這個年輕人是那麼了解耶穌和他之間的愛。三天後，他離開人世。

身為主的門徒，必須了解主創造我們，是要我們在世間做一些重要的事情。人一旦死亡，便要回到天家。無論是誰，都有回家的這一天。

※　※　※

如果有人在生命中遭受愈來愈大、愈來愈重的苦難，這些人最好到基督的心裡避難。主耶穌基督的心，會和這些人一起尋找力量和愛。

當你遭遇艱難險阻的工作時，不妨想想那些病痛在身卻願意擔任義工的人們，並且向上帝禱告：「願祢把目光放在這些苦難子女的身上。」

大自然的天災非常可怕，但大自然的浩劫卻讓人們學會謙卑，懂得互相分享、互相關懷、互相以兄弟姊妹的愛彼此對待。許多人以行動來賑災，例如備妥飯菜提供給有需要的人。在災難中若目睹這麼多善行，你會發現這個世界原來是如此美好。

我們在處理事情時，總會遭遇各樣失敗、煩惱。所以，不要怕這些煩惱或折磨。如果能夠反過來善加利用這些經驗，甚至把這些經驗用於促進世人和平，反而能夠因為這些苦難而提升自己的愛心。

如果我們只是一味忍受苦難而無法從中學得經驗，那麼我們所承受的一切，則變得毫無意義。除非我們在苦難中體會到耶穌基督受難時的那種苦痛，我們才了解我們所遭受的折磨，是一件非常美妙的禮物、一個愛的神蹟。

當我們遭遇苦難、忍受折磨，感到痛苦、悲傷、羞辱、孤單、難過時，不妨將這一切看成是神的親吻。因為我們靠主耶穌太近，祂才會親吻到我們，而我們才如此清楚地感覺到苦難的存在。

# 第十二章

# 涼鞋修女

我們一切都是為耶穌做的。
我全心信靠耶穌，祂從未讓我失望。

——德蕾莎修女

來。

經歷對抗市政府的驅逐行動之後，德蕾莎修女贏得了貧民窟居民的信任，順利待了下幾個月後，跟著德蕾莎修女念書的學生愈來愈多，天氣也愈來愈熱。德蕾莎修女過度操勞，身體慢慢不支。

有一天，一個女人跑來向正在上課的德蕾莎修女說：「有個家庭，全家都病倒了，因為怕被傳染，沒人敢去照顧。」德蕾莎一聽說，丟下手中粉筆趕了過去。原來這家人上週才搬來，男主人還在找工作就病倒了。

德蕾莎趕到這家人的住處後，發現他們住在一個陰暗的小屋，全家人都睡在地上，屋子裡發出難聞的臭味，孩子們拚命的咳嗽。

修女見狀，心裡憂心難受，眼前忽然一陣昏眩，卻還是強打起精神走進屋內，替每個人查看身體。她看完一圈後，轉身打算跟同去的女子說話時，竟然自己昏倒了。

隨行的女子馬上把德蕾莎修女送回住處，又跑到羅雷托修道院通知神父。神父派了一名修女前來照顧德蕾莎。

當德蕾莎發現自己從床上醒來後，非常著急，想要起身去找那家人，卻發現自己虛弱得根本下不了床。於是，德蕾莎哭了！她哭著對照顧她的修女說：「是我辜負了他們，我辜負了那些住在貧民窟的人們。」

病痛讓德蕾莎修女感到不安、孤單、挫敗、寂寞，更對自己的付出產生疑惑。但德蕾莎轉念想到，這是神的呼召，她所做的是神的工作，絕對不能退縮，也不能逃回修道院。於是，她躺在床上默默地為這些人禱告；並在禱告中，一點一滴地重建對神在這件事情上的應許與信心。

看到德蕾莎的哭泣逐漸停止，照顧她的修女才開口說：「德蕾莎，妳太疏於照顧自己的健康，卻還在擔心別人。妳這麼做，不是服事窮人，而是剝奪自己的用處。相信我，在貧民窟工作，必須三餐吃飽，睡眠充足，作息正常，固定休息。在惡劣的環境中，若沒有良好的自我調適，身體很容易累垮。如果妳真的想服事窮人，就該聽我的勸告。」

後來，這位修女送了德蕾莎一雙涼鞋，並留了小字條給她，上面寫著：「送妳一雙涼鞋，相信在加爾各答炎熱的天氣裡會有幫助。記住，聖女小德蘭是不穿鞋、不穿襪的，祝妳的仁愛傳教修女會成功。」

德蕾莎非常感動，並獲得寶貴的啟示。此後，德蕾莎沒再穿過襪子，到哪裡都穿著涼鞋。另外，就在這一天，德蕾莎修女確定了往後組織的名稱，要叫仁愛傳教修女會。

※　※　※

每個人都能成為別人的守望天使，只要多一點關懷、溫柔的提醒，或許就可以成就另一個人的生命奇蹟。

第十二章

# 涼鞋修女

# 德蕾莎修女論喜樂

有了一顆燃燒愛意的心，自然就會產生喜樂的心。

喜樂不只難以抑制，更難被保留。

喜樂就是禱告，就是力量，就是愛。凡是將喜樂分給人的，就會得到更多喜樂。

對於靈魂孤單的孩子或窮人，以及所有正遭受患難逼迫的人，或許我們給不出太多物質幫助，但如果我們有顆充滿愛的心，就可以湧現喜樂，把喜樂分贈給人。我們應該給予關愛的微笑，透過微笑，付出我們的真心和關懷。

遇到任何困難都能以喜樂之心接納，那麼，困難必定可以順利解決。

感謝神的所有安排，無論順境逆境，總是要喜樂地接納一切。

# 涼鞋修女

當我們喜樂，就會在我們的雙眼、臉龐、唇舌交談間，展現出滿足的模樣。我們無法掩飾心中的喜樂，因為喜樂如潮水滿溢，無法阻擋或隱藏。

喜樂是我們生命的樞紐，透過喜樂，我們得以甘心樂意地犧牲並與人分享。

真正的愛是能夠去愛那些造成我們痛苦和傷害的人，而且還覺得喜樂。

喜樂的心乃是良藥；憂傷的靈使骨枯乾。（聖經箴言）

# 第十三章

# 貧民窟的天使

我們都想愛上帝，但怎麼愛？
在哪裡愛？耶穌教了我們答案，祂說：
「這些事你既做在我這弟兄中一個最小的身上，
就是做在我身上了。」

——德蕾莎修女

## 從一開始

病癒後沒多久，摩提吉貧民窟裡的臨終之家，就在不同信仰的居民抗議下關閉了。德蕾莎修女接受了他們的抗議，她知道這事必出於神，所以平靜地接受。不過，德蕾莎為事工已經贏得部分居民的支持和理解而感到欣慰。

臨終之家被迫關閉後，德蕾莎修女並沒有閒著，反倒開始積極為新的臨終之家之籌備而奔波。

沒多久，事情出現轉機。

有一天，秋廸和德蕾莎修女來到卡里加（加爾各答最熱鬧的地方）找房子。印度教有個卡里神廟就建在此地，神廟旁邊有一棟白色建築物，是印度教朝聖者休息的地方。

德蕾莎和秋廸走了進去，發現裡面空無一人。她興奮的到處看，然後對秋廸說：「太好了，這就是我要找的地方。」

秋廸卻不這麼樂觀，她說道：「神廟的住持是不會答應的，這裡可是印度教最神聖的場所。」

德蕾莎卻說：「最神聖的地方，不正最適合做神的工作嗎？」

德蕾莎一回到修會，馬上就動筆寫了一封申請書，派人送到加爾各答議會，並在兩天之後，親自登門拜訪。

無巧不巧，接待德蕾莎修女的正是上次主持清理摩提吉的官員。官員見到德蕾莎修女並不開心，脫口便說：「修女，市議會不知道妳又給加爾各答帶來什麼麻煩，但他們同意妳在加爾各答的善行。不過，出了問題得由我解決，就像上次一樣。」

德蕾莎聽出官員的不開心，馬上接口說：「我認為上次我們成功地阻止了一場災難的發生，對吧？長官！」

官員說：「拜託，修女！請不要把妳自己的行為正當化，妳是在煽動群眾，妳知道嗎？請不要以宗教為名，鼓勵窮人對抗政府，行政治野心。」

德蕾莎沒有理會官員，她逕自說道：「難道教育文盲、解救飢餓、收容瀕死之人，也算政治野心？我所做的，不過是讓臨終之人能夠得到一點點關愛，使他們走得少一點痛苦罷了。」

官員說：「妳這麼做，難道就可以讓貧民窟更適合人住嗎？」

德蕾莎回答：「不，只是讓瀕死之人走得更有尊嚴。」

官員問：「那妳打算如何幫助加爾各答數以百萬計的傷殘病患？妳忙得過來嗎？」

德蕾莎修女並沒有被官員略帶威脅的話語嚇到，反而驚訝地說：「您怎麼知道是數以百萬，是怎麼估算出來的？」

官員略顯不耐地說：「修女，這並非我的重點。我的意思是，你永遠都救不完那些窮人。窮人太多了，妳明不明白？」

但是，德蕾莎修女只顧追問官員：「您的百萬，到底是怎麼算出來的？」

官員只好說：「從一開始數的。」

沒想到，德蕾莎修女馬上算了起來，說：「我也是從一開始數，然後是二、三、四……，到現在我們已經救了一百多人了。」

官員說：「但是，妳現在竟然要搬入朝聖者旅館！」

德蕾莎修女一聽到官員提到朝聖者旅館，開心地站了起來，眼神充滿亮光說：「您知道嗎，長官！那房子裡有臥室、有電，可以安置床鋪，還可以煮飯、燒水……」

沒等德蕾莎說完，官員就打斷了她說：「我對這些設備沒興趣。旅館旁邊就是加爾各答最古老、也是最神聖的神廟。妳認為妳的出現，會給印度教徒什麼反應？」

德蕾莎搖搖頭說：「不，我沒想過這個問題。我的工作無關政治。」

官員說：「修女，您並非加爾各答唯一的善心人士。難道我不關心這些窮人嗎？這可是我居住、生長的地方，我的家鄉。每天看到這麼多人死在街頭巷尾，我的心都碎了，他們可是我的同胞啊！」說著說著，官員眼眶內竟然泛著淚光。

修女對官員說：「何不讓神來決定我們是否能夠工作？您所需要做的，只是同意。」官員沒有搭腔，沉默了許久，兩人都不再說話。倒是一旁的祕書機警地把握時機，把請願書交給官員簽字，官員就簽了。但隨後補了一句話：「這同意書是臨時的，如果妳的出現會引發糾紛，議會將會重新考慮。」

德蕾莎修女還是非常感激，對官員說：「最重要的是瀕死之人必須被觸摸、被關心、被擁抱，即使在生命的盡頭，也要讓他們知道，有人在愛著他們。」

得到同意書的德蕾莎修女和其他修女們，便合力將這個旅館打掃乾淨，並到街上帶回二十多名病人。其中有個老人，剛搬進來當天傍晚就死了。這個老人是德蕾莎修女在垃圾桶中找到的。

臨終之前，老人感激地拉著德蕾莎修女的手說：「是我的兒子把我扔在外面的，然而您為何要幫我？我一輩子都活得像條狗，但現在我卻死得像個人。」

就這樣，第一個正式的臨終之家（垂死之家）便成立了，德蕾莎修女依然沿用舊名，稱它為尼爾瑪麗德。不過又有人稱之為安息之家。

## 全心全意的付出奉獻

德蕾莎修女跟官員說，她自己也是從一開始數起，但她數的是救回來的人數。對基督來說，我們每個人在祂眼中都一樣寶貴；對德蕾莎修女來說，個人才是最重要的。要從愛一個人開始，與他接觸，關心照顧他。如果得湊到某個人數才工作，我們就會在數字裡迷失，無法尊重且全然地照顧每個人。我只相信個別的接觸，每一個人都是基督所摯愛的。

即便需要服事的人只有一個，德蕾莎修女也會付出自己，全力以赴。

愛與一般的善行是不同的。愛必須面對面地給予和服務，親手去照顧和安慰一個人，而不是開一張冰冷而沒有溫度的支票。

愛不是贊助，因此只給錢是不夠的，還必須伸出您的手，給予真切的溫暖。無須好高騖遠，僅從眼前的一個人開始愛起，那就夠了。

任何事情無不從眼前的一開始。寫字從打下第一個字開始，讀書從讀進第一個字開始。幫助窮人的德蕾莎修女，更是從第一個窮人開始就全心全意的付出與奉獻。

# 第十四章

# 愛的革命者

我們不是用彈藥和槍械去征服世界，
我們乃是用愛和憐憫。

——德蕾莎修女

順利度過前幾次衝突後，德蕾莎修女慢慢融入貧民窟的生活，被當地人接受。

有一天，德蕾莎和秋廸一起打掃貧民窟裡的一間房子，發現清出來的垃圾足足有一輛推車那麼多。修女便說：「我們似乎應該把垃圾從這裡清出去，而不是把垃圾帶回來。」秋廸馬上搖頭說：「大家不會接受您的提議的。」

德蕾莎修女不解地問：「為什麼？清乾淨點不是比較健康嗎？如果大家一起清理環境，住起來不是會比較舒服嗎？」

秋廸說：「和垃圾共存，就是這裡的生活環境。這裡的人靠撿拾加爾各答的垃圾維生。」

聽秋廸這麼一說，德蕾莎才發現，放眼望去，一些滿身污垢的窮人們正專心地在垃圾堆裡尋找破銅爛鐵、塑膠碎片，這些人彷彿和垃圾融為一體，看不出區別。

德蕾莎陷入沉思，佇立良久卻說不出話來。似乎在思考什麼，卻還沒弄清楚。

沒想到就在同一天下午，有一輛市政府的清潔車，大剌剌地開進貧民窟，準備清掃貧民窟的垃圾堆，隨行的還有市政記者。官員們用擴音器大聲地向貧民窟的居民宣布：「清除垃圾是市政府的命令，希望大家能夠了解，不要違抗命令。」

但是，彷彿沒有人聽見一般，更有男人馬上爬上垃圾堆，默默地坐在垃圾堆上，看來似乎是不合作運動，場面卻令人悲傷。

有個男人對著清潔車喊：「如果政府要清除垃圾，就把我們也當垃圾一起清掉吧！」婦女們則以哀兵姿態苦求官員，不要清走垃圾。

官員們見此光景，氣得大罵：「若是你們不下來，就逮捕你們。」

秋廸眼看衝突愈演愈烈，便去找德蕾莎修女出面緩頰。

當德蕾莎現身衝突現場時，官員頓時愣住了。心想，這個歐洲修女怎麼會穿著白色紗麗出現在這個貧民窟，實在太怪異了，不禁脫口而出問道：「妳是誰？」

德蕾莎平靜地回答：「我是羅雷托修道院的德蕾莎修女，我在這裡工作。」

修女的回答非但沒有解開官員的疑惑，反而更加困擾地問：「妳和這些遊民混在一起？」

德蕾莎修女說：「不！他們是我的弟兄姊妹，我們和老鼠、蟑螂一起分享這個貧民窟。」然後，轉身指向在垃圾堆上靜坐的一個男人說：「您知道他的狀況嗎？他有四個孩子和一個妻子需要撫養，他一直以來就以這堆垃圾過活。請問長官，若沒了這些垃圾，他要如何維生？」

官員回說：「政府這麼做，也是為他們好。修女，妳也看到了，他們把這裡弄得像什麼一樣？」

德蕾莎說：「不，他們唯一的錯誤是貧窮！如果政府真為他們著想，就應該運乾淨的水來，派清潔工人來打掃這裡的環境。」

官員馬上回答：「這可不是我的業務範圍。」

修女目光如炬盯著官員說：「但是你可以負起這樣的責任啊！」

官員雙手一攤，頗無奈地說：「請您理解，我只是在執行市政府的工作計畫而已！」

德蕾莎說：「那麼請您取消這個計畫，拜託了。我代所有貧民窟的居民請求您。」

官員們看了看德蕾莎修女，又看了看四周情勢，便說：「好吧，看在修女的份上，也為了你們自身的安全，這次的行動就暫且中止。」話一說完，就撤離了摩提吉。

官員不解地離開了。

同樣不解的，還有留在這裡走不了的居民。

他們心裡共同的疑問是，這個歐洲來的修女為何要幫助他們？

德蕾莎修女說：「這是神對我的呼召，是我的使命。」

雖然這些居民們聽不懂，但能夠順利化解這次衝突，居民們還是開心的不得了，紛紛跑向德蕾莎修女向她道謝。之前和德蕾莎有過衝突的男人也跑過來行了個大禮，說：「抱歉，修女，之前我誤會您了。」德蕾莎扶起這個男人說：「別道歉了，還有很多事情等著我們去做。」

第二天，德蕾莎修女抵擋政府清潔車的新聞，傳遍了加爾各答大街小巷，德蕾莎頓時成為加爾各答名人。此後，德蕾莎修女便成為天主教會的激進分子，一個以行動宣教的修女，一個世界各國媒體競相追逐報導的愛的革命者。

## 申請成立修會

德蕾莎修女的窮人服事日漸上軌道，到了一九四九年三月，已經有四名女孩跟著德蕾莎修女服事。此時，神父告知德蕾莎，一年期滿回到羅雷托修會時，也可以將四名女孩一起帶回，若是她們也願意進入修會的話。

然而，德蕾莎卻提出了另外的請求——成立修會。

成立修會，在天主教中並不容易。自從一八五〇年後一百年，都不曾成立過新的修會。況且教會認為，德蕾莎修女之後的窮人事工，可由慈善機構接手，同意成立專門修會的可能性似乎甚小。

德蕾莎修女堅定地說：「服事窮人是艱辛而無止盡的，為了長久致力於這項工作，需要一個更強大的力量。唯有修會生活才做得到。」

神父擔心申請修會的複雜、麻煩，德蕾莎卻取出早已寫好的申請計畫書、規章、紀錄等相關文件交給了神父。

於是，神父便把規畫書轉交給大主教。大主教發現德蕾莎修女的修會中，除了天主教修會都必須共同遵守的安貧、守貞、服從外，還加了一條「盡心盡力為最貧窮之人奉獻」。

大主教承諾會將申請書轉交羅馬教廷。

## 仁愛修會的成立

一九五〇年十月，一封來自梵蒂岡的信，寄到了羅雷托修道院。神父把信帶往德蕾莎修女住處，並請人找來德蕾莎修女。

當時，德蕾莎正為其母親和姐姐無法離境前來看望她而感到難過。沒想到，神父卻帶來大好消息，羅馬教廷通過了德蕾莎修女申請的修會，同意她的仁愛修道院成立，暫時為加爾各答地區性修會。

十月七日，仁愛修會在加爾各答大教堂舉行成立典禮。大主教向德蕾莎修女獻上祝福：「那些流浪的人、飢餓的人、無家可歸的人、被遺棄的人，妳將照料他們，幫助他們，探視他們，讓他們感受上主的愛，喚起他們對上主慈愛的回應。上主的成就，將經由妳而彰顯。神聖的德蕾莎院長，歡迎妳加入加爾各答教區。」

德蕾莎卻跟大主教說：「請叫我修女就好，我承受不起院長的頭銜。」

接著，德蕾莎修女帶領著跟隨她的女孩誦讀她們的宣言：

為解除基督無盡的飢渴，我將全心全意奉獻於最貧困之人，照料傷殘孤苦之人，並且教育流浪兒童，探望乞丐與其子女，安置被遺棄、被驅逐、未蒙愛之人，以慈愛工作彰顯神之愛。

仁愛修會的全名為 Carriers of Christ's Love in the Slums，但人們通常稱為 Missionaries of Charity。

僅僅兩年之內，羅馬教廷就批准成立新修會，是難得一見的神蹟。

不久後，德蕾莎修女的追隨者就增加到十二人，原先的小閣樓已經不敷使用。碰巧一名叫作麥可的商人找到德蕾莎修女，跟她說，他在加爾各答的小溪巷有一棟樓房，二樓是空的，如果德蕾莎願意使用，他願意奉獻出來。於是德蕾莎和她的女孩們便搬進這個地方，同時德蕾莎也搬出了寄住家庭。

過沒多久，修會成員又增加到二十八人。原本的二樓空房也不敷使用了，於是他們搬到加爾各答下環路五十四號的一座綜合建築。這是一棟三樓樓房，中間還有院子。屋子的主人是虔誠的穆斯林，非常認同仁愛修會的慈善工作和熱心，尤其欽佩德蕾莎修女本人的服事，剛巧舉家要遷往巴基斯坦，便以最便宜的價格把房子賣給仁愛修會。

有了自己的居所，仁愛修會便在此安定下來，開始執行修會生活應有的規範。每天以禱告開始，也以禱告結束。

修會的修女所擁有的財產只有一個十字架、幾本經書、三套滾藍邊白色會服、一雙涼鞋、一床被子、一個碟子、一塊肥皂、一個洗臉盆，以及一個裝上述東西的鐵桶。

修女們三或四人同住一個房間，僅吃素食與米飯，沒有電視、電風扇，即便加爾各答相當炎熱，但因為窮人吹不起電扇，因此她們也絕對不使用電扇。在當時的印度，電扇是富裕的象徵。

曾有商人看見仁愛修會的貧苦，送來洗衣機，但修女們最後仍決定退回商人的好意，她們寧願自己洗衣服，要像主耶穌一樣一輩子安貧，而且窮人也沒有洗衣機可以洗衣服。

天主教修會的安貧，是一種神貧，除了物質上的儉約，更是心靈上的安貧。倒空自我的欲望，打破自我的需求，看「無」自己，捨了自己的欲望，一切的心思意念，都放在神國與服事上，不在意物質富裕和功名利祿。

有一次，有位名叫安德瑞亞的修女得到醫科獎章，當她開心地拿著獎章向德蕾莎修女報喜，德蕾莎卻反問她：「妳想拿那個獎章做什麼？妳應該明白，這個獎章對妳沒有任何意義。妳不會開診所，也不會在自己的名字後面寫上任何學術頭銜。妳是個為窮人工作的修女，獎章對妳有何用處？」於是，安德瑞亞修女便把獎章退了回去。

神貧是一種自決性的貧窮，不僅使人得自由，也使人更加獨立而平安。

「如果擁有財產，我們就得有武器來保護它。」聖方濟老早就說過了。

仁愛修會就在豐豐富富的神恩典下成立了。德蕾莎修女將以此為基地，將她的窮人事工擴展到地極。

# 第十五章

# 愛的力量

知識是叫人自高自大，
唯有愛心能造就人。

——哥林多前書八章1節

愛的力量有多大？或許我們很難體會，但每天與貧窮和死亡相處的德蕾莎修女，卻深深感受到「愛」的力量。

## 神未曾忘記

有一天，德蕾莎修女從貧民窟接了一名男士回到修道院。他身上爬滿寄生蟲。你猜，這個全身爬滿寄生蟲，又髒又窮的男人說了什麼？

他沒有詛咒也沒有責備任何人，只說：「我以前就像街頭的一隻動物，可是我在臨終前卻像是一位天使，受到人們的照顧和關懷！」

他臨終前注視著一位年輕修女，說：「修女，我要去天國了。」然後便帶著燦爛的笑容離去。

德蕾莎修女說，這個窮人不只是窮人，更是基督耶穌的肉身。因為耶穌說：「這些事你們既做在我這弟兄中一個最小的身上，就是做在我身上了。」（馬太福音廿五章40節）

「婦人焉能忘記她吃奶的嬰孩，不憐恤她所生的兒子？即或有忘記的，我卻不忘記你。」（以賽亞書四十九章15節）

縱使世人都撇棄你，神也必不忘記你。

## 最美好的禮物

有一次，德蕾莎修女提議幫助一個育有十二個小孩的母親減輕負擔，將患了重度殘障的老么交給收容中心照顧，和其他孩童一起生活時，這位母親卻馬上哭了起來，說：「看在主的面上，請院長不要再提這種事。我認為她是神賞賜給我，給我家庭最好的禮物。我們全家人把所有的愛集中在她一個人身上。如果妳把她帶走，我們全家人的心靈就會變得十分空虛。」

這是真正的愛。即便了解體會自己的處境，卻仍不撇下自己的子女。

今日社會即便在富裕的環境，有多少人能夠具備這樣的愛，以如此的體諒、溫暖，去了解、照顧自己的子女、丈夫、妻子、父母、兄弟、姊妹或親人？

如果我們願意投注更多心思在正面的事情，少放心力在負面的事物上，必然能讓整個世界改觀。先是自己，然後家人、鄰居、朋友，最後擴及整個社會。

## 寬恕與和解

有一天，德蕾莎修女在一堆瓦礫中撿到一名婦人。那時的她發著高燒，就快死了，但口裡不斷喊著：「我的孩子，他把房子燒了！」

你以為她在抱怨自己孩子的惡毒嗎？

當德蕾莎將她帶往修道院途中，一再鼓勵她寬恕自己的兒子。「要知道如果我們想去愛，就必須學會寬恕。和解是第一步，不是與他人和解，而是與我們自己和解。」

德蕾莎修女知道，這婦人是那麼傷心，因為她生下來的兒子不要她。她愛他、照顧他，現在她對他沒用了，因為無法再工作而成為他的負擔，竟然連房子都燒了；讓婦人痛心的不是房子的毀壞甚至不是自己的死，而是擔心欠缺愛的兒子，往後如何活下去？

德蕾莎修女請求婦人原諒自己的兒子，對兒子發揮母愛。婦人沒辦法原諒他，因為實在太過屈辱難過。過了好一會兒，這名婦人終於說：「好的，我願意寬恕他！」她忘記自己所受的折磨，忘記自己的病痛、苦難，甚至即將死亡。

## 寬恕帶來和平

有一次在墨爾本的街友之家，德蕾莎看到一名被傷得很重的男子；而傷害他的人，也待在街友之家。德蕾莎認為，這件事應該通報警方前來處理。

沒想到，警察來了之後，這名被打成重傷的男子，怎麼也不肯說是誰打傷了他。最後，警察束手無策，只好離開。

德蕾莎不解地問這個男子，為何不將真相告訴警方？

沒想到他看著修女，然後說：「使他受罪，並不能減輕我的痛苦。」

寬恕帶來和平，這位受傷的街友做了一次美善的示範。

## 愛，直到成傷

人們渴望征服世界，但德蕾莎修女卻說：不要以炸彈和毀滅性武器，乃要以愛來征服世界。

愛不是做出轟轟烈烈的大事，而是在打掃進退、生活起居之間的展現。在小事上持守愛的真諦，在言行舉止上遵守愛的教誨，先愛我們身邊最親近的人，再把愛散佈到世界各個角落。

千萬不要只顧著去愛世界、愛世人，卻冷落自己的家人、孩子。這種遠方之愛很容易，也很能自我安慰，卻不是神要的愛！

真正的愛，是去愛那些造成我們痛苦、傷害的人。德蕾莎修女說，「愛，直到成傷！」正像基督耶穌愛我們一樣。

第十五章

# 愛的力量

## 德蕾莎修女論寬恕

不論信奉哪一種宗教，若是想要真正去愛別人，
首先得學會對任何事情都能夠予以寬恕。

——德蕾莎修女

或許有一天，我們會覺悟、了解，每個人都是需要別人寬恕的罪人。從那天起，我們將會更容易去寬恕他人。

我們想獲得別人的寬恕，就得先學會寬恕別人，對那些造成我們傷痛的任何對象說：「我原諒你！」

在告解中，我們才懂得以罪人的心態懺悔自己所犯的過錯。

告解是一種謙卑的行動，多半稱之為贖罪。然而，真正的涵義是愛與寬恕的神聖表徵。當我們對基督的愛產生迷惑時，我們和基督之間便出現一道裂痕。任何可能的雜念，都將塞滿這道裂痕。

我們都忘了自己是個罪人，應該來到神面前，懺悔自己的過錯。認罪禱告或告解，幫我們移除雜念，縫補我們和主耶穌間的裂痕。

認罪禱告或告解並非搬弄是非，而是在神面前清楚我們所犯的過錯、罪責、歉疚，如何克服各種誘惑並怎樣行善，不斷提升對神的愛。

我們的罪惡感，讓我們可能犯錯。然而，透過認罪禱告或告解，我們得以與神更加親近。神的慈悲遠超過我們的想像，只要我們誠心地在祂面前告解，祂必定願意寬恕我們。

有勇氣承認並且接納自己所犯的錯，乃是一種勇氣。

或許迷失於世界的我們，早已失去了自我反省的能力。然而良知幫助我們反省自我，檢視自我的弱點，認清事情的真相。

在認罪禱告或告解時，人們得以認清自我，認識自己，承認自己的過犯，認識神的恩典與奇妙。

罪惡感與軟弱會讓我們意志消沉。若要復甦心靈，除了透過自我良知良能的反省，來到主面前承認自己的罪，並求助於主，更是好方法。有一顆清潔良善的心，才得以見主面。

先去同弟兄和好，然後來獻禮物。（馬太福音五章24節）

# 第十六章

# 施捨的真諦

我實在告訴你們，這窮寡婦投入庫裡的，
比眾人所投的更多。
因為，他們都是自己有餘，拿出來投在裡頭；
但這寡婦是自己不足，
把她一切養生的都投上了。

——馬可福音十二章43－44節

有一天晚上，一位男士跑到德蕾莎修女的仁愛修道院，向她說：「有一個有八名小孩的家庭，一家大小已經有好幾天沒吃過一粒米飯了。」

於是德蕾莎便拿了一些食物前往，當她抵達這個家庭時，發現這些小孩因為餓得太久，連臉孔都變形走樣了。看見如此光景的德蕾莎，不禁感到飢餓所帶來的深沉痛苦。但是，令人訝異的是，他在這些孩子眼中，看不到絲毫的悲傷和哀戚。

德蕾莎隨即把帶去的米飯拿給孩子的母親，沒想到她竟然立刻把米飯分成兩半，帶著另外一半的米飯，逕自出門去了。

過沒多久，孩子的母親回來了。德蕾莎修女好奇地問她：「妳到哪裡去了？」她只簡單回答：「我到隔壁去了一趟，因為我的鄰居也和我一樣，很久沒飯吃了！」

很訝異嗎？德蕾莎修女說她並不訝異。窮人之間的慷慨互助是常有的事。令德蕾莎訝異的是，這些孩子的母親竟然知道鄰居也和她一樣飢餓，沒有飯吃。

人們在遭遇痛苦、貧窮時，往往只看見自己，關心自己，認為自己都顧不了，哪還有餘力關心別人？但這位母親卻能看見她鄰居的需要，並且願意將她僅有的一切對半分享。

## 對窮人最實質的幫助

對窮人的奉獻，最廉價的是金錢，因為只要有錢就可以辦到；對窮人的奉獻，最高貴的是愛與關懷。窮人最需要的是尊重，許多人帶著輕蔑的施捨，對窮人來說，無異是二度傷害。

對窮人最實質的幫助，並不是金錢，而是一些對我們來說很容易忽略的小細節。德蕾莎修女說，在給予窮人時，你必須「接觸對方的手」、「向對方微笑」、「注視著對方」，那才是助人最重要的關鍵。

不是價錢的高低，而是心意！

有時候，億萬富翁用自己以為好的方式來接濟窮人，看似樂善好施，可是這些人卻從來不曾觸及窮人內心真正的需求，這些接濟只是出於憐憫。國家機器更是如此，補助微薄的金錢，卻要窮人把最後一點尊嚴都賣盡！

我們應當教導自己的孩子，如何正確地愛人；以具體的方式幫助、關懷、接觸窮人，給予溫暖、尊重與愛，而不是丟了錢就跑，或要窮人拿尊嚴來交換。

## 神所樂意的奉獻

有一次，德蕾莎修女到衣索比亞訪問。當時，這個國家正面臨嚴重乾旱。德蕾莎修女帶了許多賑濟災民的物資。

就在這時候，一個小女孩向德蕾莎修女走過來，跟她說：「我不想吃這塊巧克力，妳拿去給那邊的孩子吧！」

德蕾莎修女說，這是第一次擁有一塊巧克力的孩子。雖然她所擁有的禮物非常微薄，但她卻把她僅有非常珍愛的東西拿出來與其他孩子分享。這份禮物的貴重，不是富人們的捐款奉獻所能比擬的。

真正的施捨和付出，看的不是物品的貴重或多寡，上帝看的更不是這些，而是施捨和奉獻的心意有多重。在奉獻時，把心奉獻出來，才是最重要的事情。

有些人僅僅捐出自己不想要的東西，這是很糟糕的。把自己想遺棄的東西丟給看似一無所有的貧困者。他們並非資源回收中心，並不一定要接收這些富人們所用剩不要的東西。

千萬不要為了清理自己的多餘物品，而自以為善地把東西捐贈給社福單位或窮人。請想想，若是你收到這些不請自來的「禮物」，會有什麼感想？

神要的不是我們用剩的，而是連我們自己都想要的東西。

有一次，有名男士寄了十五塊美金到仁愛修道院。他是肢體殘障者，只有右手還可以動。平日唯一的愛好就是香菸。他在信上向德蕾莎修女說：「我已經戒菸一星期了，把省下來的菸錢寄給妳！」錢雖然不多，卻是這個男人付出極大犧牲和代價所換來的。這才是神所樂意見到的奉獻。

真正的窮人，是那些汲汲營營於財富多寡，並且為此大傷腦筋的人！

科技或許可以改變人們的物質處境；但唯有仁愛良善的心，才得以改變人的靈魂。

# 第十七章

# 愛無疆界

愛是沒有疆界的，人種、民族、國家、語言、信仰，都不該成為限制。

——德蕾莎修女

加爾各答是擁有十三億人口的印度當中，人口密度相當高的地方。許多人貧病交迫，父母不得不把孩子丟棄甚至弄死。因此加爾各答的棄嬰，也是全世界數一數二的多。

早在德蕾莎修女剛成立臨終之家時，就有人將孩子丟在她們家門口。從那個時候開始，德蕾莎修女就收養棄嬰，並且不曾間斷。

一開始因為人手不足，孩子需要的照顧又特別多，因此德蕾莎修女為了照顧這些嬰兒，幾乎不眠不休。對德蕾莎來說，這些疲累並不算什麼；最令她感到傷心難過的，是養育孩子的必需品經常短缺，使得她四處奔走行乞於朋友與陌生人之間。

對德蕾莎來說，即便是被父母遺棄的孩子，也是神所愛的，也是神創造的，有生存的權利，也有神美好的旨意。

從街頭撿回來的嬰兒中，也不全然是被父母拋棄的孩子。更令人不捨的，是當德蕾莎推著小車上街尋找瀕死病人時，在垃圾堆或角落發現的棄嬰，往往是兩個人的身影，因為病危的媽媽仍緊緊地抱著襁褓中的孩子。母親已經快要死了，手中的孩子卻還是抱得緊緊的，令人唏噓。

後來，棄嬰人數愈來愈多，臨終之家無法收容，於是德蕾莎修女決定成立兒童之家，就設在臨終之家旁邊。除了收養棄嬰，還兼做產科醫院以及學校。

德蕾莎說，所有窮人中，沒有比孤苦無依的孩子更貧窮且無助的；他們是真正的窮人，最需要幫助的一群人。

仁愛修會的修女們對於孩子們的付出，令人動容。這群修女從來不害怕疾病纏身，對於孩子與病人，總是願意給予熱情和照顧。對於孩子，無論是長滿膿瘡或是疾病纏身，修女們均一視同仁的給予擁抱、親吻、接觸，並且從不間斷。那種發自內心的愛與關懷，完全表露無遺。

孩子是最需要愛與關懷的一群，他們需要大量的愛，即便是被拋棄的嬰孩都需要愛。修女們除了治療這些孩子的身體，更以直接的愛與行動，醫治他們受傷的心靈。

許多被撿回來的孩子，最後都沒能活下來。然而，修女們並不因此而挫折、放棄，反而加倍獻身於這項工作。德蕾莎修女認為，即便他們一個小時後就死了，也要收容幫助他們。這些嬰孩不能無人關愛、缺乏照顧。

孩子們承受的苦難，一再激勵、感動德蕾莎修女要為他們而努力。因此，當機會來臨時，德蕾莎修女便成立了國際性的兒童救助基金會，希望幫助全世界的孩子。

德蕾莎說：「在孩子眼中，我看見了上主。」

有一個孩子為了表達對德蕾莎的感激，自己做了一塊牌子，長年掛在脖子上，上面寫著：「德蕾莎修女，謝謝妳收留了我。」這孩子名叫聖文生德保。你看這孩子，是多麼地直接坦率而懂事。

因為只有充滿喜悅的生命，才能夠健康快樂的成長。

有一次，仁愛之家的修女們在垃圾堆裡發現一對母子。母親已經病危，但是孩子的生命力尚在。修女們把她們帶回臨終之家，不久這個母親就過世了。

此後，非常奇怪，這個嬰兒竟然不肯吃奶，也不會笑，任憑修女們如何的安慰、逗弄，小嬰孩就是動也不動。後來有一個貌似母親的修女走了過來，嬰孩的臉竟然一下子就笑開了。這個修女什麼都沒做，只不過是走近嬰孩而已。

德蕾莎得知此事後，深知孩子在健全家庭長大的重要性。即便再窮，只要父母俱在，好好地在孩子身邊，便是任何人無法代替的。因此，除了收留孩子，還必須替這些孩子尋找養父母才行。

許多來自歐美國家的夫妻，開始領養德蕾莎修女所收容的孩子，甚至願意領養一些身患殘疾的孩子。他們說：「我們有足夠的愛來教養他，有足夠的錢來治療他。」

有些來自歐美的夫妻，甚至本身已經有了子女，卻還是願意認養來自印度的貧苦殘疾孩童，甚至願意多認養幾位，以便盡可能地幫助這些孩子脫離困苦。

雖然有些人反對德蕾莎修女讓印度的孩子被歐美國家的夫妻認養，但是德蕾莎說：「愛是沒有疆界的，人種、民族、國家、語言、信仰，都不該成為限制；只要有愛，就能成為父子兄弟姊妹，就可以同住一個屋簷下。最重要的是愛。」

未被領養的孩子，仁愛修會就會一直照顧他們，安排他們上學，甚至替他們安排婚姻成家立業，有些孩子考上大學，完成高等教育後，則回頭投入仁愛修會，成為服事窮人的一員。

因為愛，讓這些在窮苦不幸中長大的孩子，願意在有所成之後再投入服事更窮苦的人，而非成為變態的追逐金錢的工作狂。

有個修女曾經問過他們所收養的一個孩子說：「你長大以後想做什麼？」孩子眼神發亮，深情地看著德蕾莎修女，然後堅定地說：「我要作德蕾莎修女！」

## 反對墮胎

德蕾莎修女認為，神創造了一個豐富的世界，絕對足夠養活所有人；如果有人因為貧窮困苦而死去，一定不是食物不夠，而是分配出了問題。（的確是如此。在美國和先進國家，食物被浪費隨意丟棄，甚至整船搬運到外海傾倒，只因為市場價格太低，無利可圖。）

人是神所創造的，因此每個人都有出生的權利，沒有人可以剝奪，也不該把這些孩子從母腹中奪走。為了捍衛出生權，德蕾莎修女反對墮胎，並經常公開發表演說，反對印度政府的生育計畫所造成的悲劇。

德蕾莎修女說：「生命是上帝的，我們沒有權利消滅，我們不斷殺死生命，並且認為自己可以凌駕上帝之上，決定誰生誰死。我聽見那些尚未出生就被殺死的孩子的叫喊，在上帝的寶座前，那些吶喊未曾停止。所有的惡行之中，沒有比墮胎更嚴重的。」

德蕾莎修女在諾貝爾獎頒獎典禮上的致詞，有一段也談到了墮胎問題：

今天對和平最嚴重的破壞就是墮胎。如果一個母親可以謀殺自己肚子內的親生骨肉，還有什麼比這更可怕？這就好像我們在互相殘殺一樣。神說：「就算母親忘記自己的孩子，我也不會忘記你。」但今天，有數以百萬計尚未出生的孩子被殺，我們卻一言不發。

對我來說，最貧窮的國家正是那些將墮胎合法化的國家，它們害怕弱者，害怕尚未出生的孩子。讓我們拯救孩子，讓我們確保每一個孩子都能真正受歡迎的來到這世界。無論已經出生的還是未出生的……，讓我們有勇氣保護這些尚未出世的生命。

尚未出生的孩子，是窮人之中最窮的，但也因此最接近上帝。

雖然德蕾莎修女反對墮胎、反對錯誤的節育計畫，但不代表她反對節育計畫。德蕾莎修女曾推廣一種自然避孕法，教導人們用珠子計算生理週期和測量體溫，計算安全期。她認為，這種做法叫作「出於愛心的自制」。德蕾莎修女努力在印度推廣這種自然家庭計畫運動，並且很快就獲得成功。在推廣的第一年內，僅加爾各答一個城市，出生人數就減少了三萬之多。

除此之外，德蕾莎修女積極收養棄嬰，或替棄嬰尋找養父母。同時也照顧這些孩子的母親，幫助她們再站起來。她總是不厭其煩地告訴準備墮胎的母親和醫生，「請不要摧毀這些孩子」，「如果你們不想要，請不要殺死他。把他給我吧！讓我來照顧他。」

就這樣，德蕾莎修女收下一個又一個原本可能被扼殺的生命。

甚至有人開玩笑地說，德蕾莎修女拚命推廣家庭計畫，結果自己卻沒有身體力行，每天都收進更多的孩子。

雖然德蕾莎修女反對墮胎，但對於進行墮胎的婦女，德蕾莎從不批判，反而積極伸出援手。因為，她深知她們的苦痛，德蕾莎修女從不批判任何人。

由於德蕾莎的努力，加爾各答的兒童之家已經發展成一個完整而健全的機構，可以替孩童看病，照料新生兒的食衣住行。除此之外，還有一個專門安置貧苦未婚媽媽的場所，以及為街上雛妓或受虐兒所開辦的學校，和一個供養街頭乞丐的免費食堂。一般的狀況下，修女們要照顧兩三百個孩子。德蕾莎修女以行動捍衛她的信仰。

# 第十八章

# 作主的小鉛筆

我現在就像祂手中的一支小鉛筆，
雖然渺小，
但要是祂在明天發現有人比我更無助、
更無望，
想必祂會要我和祂一起去做些更偉大的事情，
並且透過我來完成這項工作。

——德蕾莎修女

德蕾莎修女自謙，自己不過是上帝手中的一隻小鉛筆。期勉自己在小事上忠心，因為這是敬虔信仰的關鍵。重要的不是事情的大小，而是願意擺上的心。

德蕾莎修女把病房設在臨終之家裡面，不成立醫院也拒絕雇用全職醫生，只接受願意免費擔任義工的醫生。不添購醫療設備診治病人，因為追求設備將會讓物質逐漸變得比人重要。有了設備，醫生便會在資源有限的情況下，對於病人作出差別選擇，放棄不可醫治者，而選擇能夠痊癒的病人。德蕾莎修女拒絕追求最多數人利益的「功利主義」幸福觀。

我們當前所處的資本主義社會，以營利為主要目標，凡事要考慮成本效益，即便是醫療救護工作也不例外。但是仁愛修會卻非如此，在這裡，所有的工作都是以「人」為最首要考量，而且是無差別地對待每一個人。

例如，有許多病人會一再地被收留、痊癒，再收留，而且很可能狀況一次比一次糟糕。但是那些人不論回來幾次，修女們都還是一樣的服事他們，以同樣的愛與耐心照顧他們。人可以再被收留，只要他有需要。但如果引進了設備制度，那麼這種無條件的服務勢必將逐漸被限制，甚至扭曲。德蕾莎修女認為，沒有一個人是該被放棄的。設備與制度並非不好，只是仁愛修會的工作，是為了服務那些窮人中的窮人，那些被醫院放棄、無法痊癒的最微小者。

有些病人會在領到藥後拿去變賣，修女們覺得沒有關係，因為她們已經在禱告中將這些人交託給神，神自然會管教帶領。缺了疫苗也沒關係，因為她們已經把最寶貴的神的愛交給了他們，修女們相信神會親自照顧他們。

讓軟弱顯出剛強，深知自己的卑微渺小，而能夠放下一切信靠主，正是德蕾莎修女和仁愛修會能夠成功的最大祕訣。

因為對德蕾莎修女來說，如果要為真正微小的人而做，就必須使整個修會在各方面的工作上始終保持徹底的微小。雖然有人對此提出批判和質疑，但德蕾莎修女並不動搖。因為她深知這是上帝的工作，而不是她自己的成就，在神凡事都能。

德蕾莎修女從不對人講述天堂或救恩，她只活出生命的榜樣。真誠、儉樸、自然而不造作地表現自己，並且展現神無所不在的慈愛。

## 在小事上忠心

在小事上忠心、付出，將會結出意想不到的果子。不要以為給人一個微笑、一個擁抱、一個安慰、點亮一盞燈、開一扇窗、寫信給一個正在困頓中的朋友、替人拿一雙鞋、讀一下報紙、看一下時間、指一下路是微不足道的事，這些都是我們以具體的行動，展現對上帝的愛。

當沒有人願意理會苦難者的聲音時，你願意傾聽，那就是上帝所喜悅、看重的美善；當沒有人願意陪伴老人，聽他們說話聊天，而你願意時，那就是做在基督身上了。

只要你願意，即便只是在微小的事情上忠心，你仍然會愈來愈聖潔。當社會缺乏溫柔仁慈時，人才會迷失方向。

只要我們學會如何去愛人，我們就學會如何作一個聖潔的人。每個人都辦得到，聖潔不是少數人的品德。

要有決心，放下一切，倒空自己，不再有各種物欲、雜念、偏好、任性與浮躁。把眼目完全定睛在上帝身上，盡全力成就祂的旨意，成為祂無怨無悔的僕人。

用全部的生命和力量，以「我願意」回應上帝。

作個謙卑的人，儆醒禱告。透過禱告，讓自己更加謙卑、順服。

每個人都會遇到苦難，若我們能在苦難中體會耶穌基督在苦難中，因為柔順謙卑而愈發彰顯祂的聖潔，我們也就可以從禱告中，學習到苦難與折磨所教導我們的柔順、謙卑。

檢測自己的良知，放下自己，去愛人、服務人。

建立良好的生活模式，並以此指導自己的言行舉止。

勇於嘗試，多禱告，多學習與人親近，作他人苦難的祝福者。

若是我夠謙卑，深知一切在主，便不會被任何中傷毀謗所破壞；也不會因為受奉承而自高或受羞辱而難過。因為我們知道自己是什麼樣的人，為什麼在這裡。即便受人責備，也毋須感到沮喪。

別人稱我們為聖，並不能因此就把我們高舉超過神；別人稱我們為污穢不堪，也不會因此就把我們下到陰間。

若是物質缺乏的，就給他食物吃、衣服穿。然而，若是心靈缺乏，遭受毆打、遺棄，缺乏關愛，自認為是被社會排斥、眾人厭惡的心靈貧困者，又當如何？

我們常以為，親眼見神才能向祂訴說我們對祂的愛。其實，多看幾眼鄰人或貧困的弟兄，將他們當作基督為我們受苦的肉身來服事，我們就是在服事基督了。

# 第十九章

# 誰都沒有權利浪費！

世界上的資源，特別是食物的資源，是非常有限的。它屬於所有人，不管你是誰，都沒有權利揮霍和浪費。每個人都有義務讓這些有限資源得到最好的利用。

——德蕾莎修女

一九六〇年，仁愛修會以傑出表現通過教會法規所規定的測試期，獲准在印度的任何地方成立修會。其實，在此之前，已經有許多地方準備邀請德蕾莎修女前往設立機構。因此一九六〇年一通過測試期，仁愛修會便在印度各地成立了二十五個收容中心和兒童之家。

從這一年開始，德蕾莎服務窮人的腳步從加爾各答擴大到印度，乃至全世界，並開啟德蕾莎修女往後在世界各地奔波的行程。

## 第一次躍上國際——聯合國婦女協會演講

德蕾莎修女進入印度後便不曾離開印度，而她第一次離開印度本土啟程前往的地方竟然是拉斯維加斯。因為美國天主教婦女聯合會的常年大會正在那裡召開。德蕾莎修女應邀發表演講，這是她第一次的國際演講。此後，無數的演講邀約蜂擁而至，德蕾莎得以向世人訴說她的簡樸之道。

德蕾莎修女說：「我不是向人乞求，我只是告訴他們——印度教徒、穆斯林、基督徒，我告訴他們，我來是為了給你們一個機會，讓你們為神做一些美善的事。」然後，這些人就去做了。

接下來，德蕾莎修女去了歐洲，見到了闊別多年的哥哥。去了義大利，前往梵蒂岡拜見教宗，而在教宗接見的同時，德蕾莎修女提出將仁愛修會擴大成教宗直接管轄的國際性修會的要求，這樣就可以替全世界所有窮人服務了。

教宗接受了德蕾莎修女的申請。

不過，按照教會法規，地方性修會要成為教宗直屬的國際性修會，必須通過許多繁複的手續，所以，德蕾莎修女必須耐心等待。然後，她便轉回印度。

回到印度後的德蕾莎修女更加忙碌。她四處成立各種服務中心。其中較為重要的便屬一九六三年三月二十八日，仁愛修會男性分會的成立——仁愛傳教兄弟會。

一直以來，都有弟兄投入德蕾莎修女的窮人事工，只是仁愛修會原本是個修女會，僅限女性參加；直到兄弟會成立，才有了男性的正式組織。這些修士遵行和仁愛修會一樣的教誨，穿行大街小巷服務窮人。他們深信若是棄窮人於不顧，便是棄基督於不顧。

每個時代都有人在尋找神，盡心盡力地尋找神的指引，甘願放棄屬世的榮華，追尋生命與神的旨意。

## 免費機票

德蕾莎修女穿行各機場中總是一眼就被認出來，許多人對她報以熱烈的掌聲，通關人員更是禮遇，替她挑揀行李，讓她快速通關，德蕾莎從來只是謙遜地以微笑回報。

由於德蕾莎修女必須四處奔波，龐大的交通費用令她大傷腦筋。於是，她搭最便宜的交通工具，但非搭飛機不可的時候，還是相當花錢。

有一次，德蕾莎修女對機場驗票人員說：「如果你們允許我免費登機，我願意在機上當你們的助手或者空服員。」

工作人員聽到都笑了，他們都認識這名修女，但他們無權作這個決定。

後來，修女想免費登機的事傳到了印度總理尼赫魯的耳裡。不久，這件事便以一個奇妙的方式成就了。

那天是印度首都新德里一所兒童之家成立的日子，現場來了許多官員，包括印度總理，德蕾莎修女相當意外，因為事先並沒有聽說總理將會蒞臨。

更令她意外的是，尼赫魯為德蕾莎修女帶來了一份大禮，他說：「我知道您必須四處奔波，為此，我為您申請到了一張印度航空公司的免費登機證。只要有這張證，就可以免費搭乘飛機。」

## 打包全世界剩下的飛機餐

於是，德蕾莎修女便使用這張登機證，飛往世界各地。她在飛機上，也發生了許多感人的小故事。其中有一則特別值得一提，是關於她向全世界航空公司募集飛機餐的故事。

有一次，德蕾莎修女搭乘從倫敦返回加爾各答的飛機，她發現這些飛機餐比加爾各答的兒童之家和臨終之家的菜色好多了。她想，若是孩子和病人也能吃到這些餐點就好了。之後，她發現有許多人都不吃餐點。德蕾莎忍不住問空服員：「你們平常都怎麼處理這些沒人吃的餐點？」

空服員微笑地回答：「等飛機著陸就全部丟掉了。」

修女驚訝地說：「全部丟掉？」

空服員肯定地回答說：「是啊，全部丟掉，這是標準程序。因為這些餐點已經沒有用了。」

聽完空服員的話，德蕾莎修女非常難過。她想，世界上有許多人沒有午餐、晚餐可以吃，這些窮人一輩子撿垃圾裡的食物維生。終其一生，沒吃過一次像樣的食物，航空公司卻要把完整的食物當垃圾處理掉，如果能把這些食物帶回去給窮人吃，那該有多好。

於是，德蕾莎問空服員說：「你可以把那些沒人吃的餐盒都給我嗎？反正你們都要丟掉，不如給我吧！」

修女的話，令機上的乘客和空服員感到吃驚。但是，空服員還是微笑地說：「好的，請您帶回去吧！除此之外，還有許多沒動過的午餐也讓您一併帶走。」

德蕾莎回到修會後便對修女說：「以後，我們去把機場所有剩下的餐點都拿回來給孩子們與大家吃。」

德蕾莎修女的想法很快就獲得各個機場的支持。於是，她順利地為窮人和孩子們募到許多豐盛的食物。

## 不管你是誰，都沒有權利揮霍和浪費

德蕾莎修女曾說：「世界上的資源，特別是食物的資源，是非常有限的。它屬於所有人，不管你是誰，都沒有權利揮霍和浪費。每個人都有義務讓有限資源得到最好的利用。」浪費是一種罪，而且是最常被忽略的罪，因為身處富裕社會的人們，物資隨手可得，但浪費也相當驚人。

有一次，印度航空公司出於善意，給了仁愛修會六張免費機票。機票上只寫著「六位修女和她們的行李」，卻忘記加註每位只能攜帶二十公斤的物品。因此，德蕾莎修女認為，這是利用航空公司為窮人服務的機會。

於是，六位修女帶了五百公斤重的布袋和紙箱來到機場檢查櫃檯，機場服務員非常驚訝，但也只能放行。當這些為窮人所準備的行李浩浩蕩蕩地通過海關時，引來無數好奇的眼光，但卻無人攔阻，順利通關了。因為那是德蕾莎修女的行李，為了窮人而準備的行李。

# 第二十章

# 最可怕的病是被遺棄

不被需要，是人世間最悲慘的疾病。

——德蕾莎修女

從古至今，痲瘋病都給人不潔的可怕感覺。因為患病的人，身體會逐漸潰爛腐敗。過往的社會都將痲瘋病人隔離在生活圈之外，視為被棄之民。

德蕾莎修女所處的印度，痲瘋病也非常猖獗，特別在二十世紀中葉前後。由於印度人口多、衛生設備差，夏季大雨將垃圾到處沖刷，使得痲瘋病等傳染性疾病蔓延。當時印度大約有五百萬的痲瘋病患者，是相當可怕的數字，罹患痲瘋病的人馬上就被社會拋棄，人們用各種方式與其隔離，在被拋棄的痛苦中，每天都有病患因為受不了而自殺。

一九五七年，當仁愛修會的運作逐漸上軌道後，有五名痲瘋病人找上了門。那天清晨，這五個人用骯髒的頭巾，密實地矇著自己的臉，畏縮地站在門口，小聲地對德蕾莎修女說：「我們沒有工作，沒有地方住，不知道可以去哪裡。」

德蕾莎修女甚至沒讓他們說完，就接口說：「你們當然應該來這裡，這裡就是你們的家。」

德蕾莎為了照顧痲瘋病人，打算著手成立痲瘋病收容中心；卻有一部分修女認為目前工作已經相當繁重，若再開設痲瘋中心，恐怕會力不從心。德蕾莎修女只好忍痛擱置計畫，但她還是強烈地認為痲瘋病人必須被照顧。於是她用捐款買了一輛醫療車，把這輛車當作流動診所，同時安排一些修女，前去接受有關痲瘋病治療和護理方面的訓練。

不久，有位資深印度痲瘋病專業醫生聞訊前來，打算教導修女們如何治療痲瘋病患。因為當時痲瘋病已非絕症，只要及時就診就可以有效控制。然而，許多人根本來不及被治療，而且身體已經殘缺，羞於見人。

德蕾莎修女為了讓痲瘋病人及時得到醫治，幾乎派出所有人，走遍加爾各答，找尋每一個可能藏身的地點。她發現唯有扭轉人們對痲瘋病的錯誤印象，才能幫助患者在社會上重新建立尊嚴，並且獲得有效醫治。

於是，德蕾莎修女跟著流動診療車，巡迴加爾各答。除了醫治痲瘋病患，也向加爾各答民眾宣傳痲瘋病的防治知識。修女們以實際行動，宣揚他們對痲瘋病患的關心、接納與愛，也盼望能夠影響一般人和社會，重新接納痲瘋病人。

由於德蕾莎修女努力不懈，終於感動了加爾各答和印度的人們。一九五七年底，印度政府同意在加爾各答郊外，成立一座痲瘋病收容中心。中心開幕那天，德蕾莎對這些痲瘋病患說：「無論你們的身體和外貌變成什麼樣子，上帝仍然愛你們。雖然世界拋棄你們，但上帝不會拋棄你們，你們更不能拋棄自己。」

許多人都感動得哭了。

尋回自信的病人說：「我們有痲瘋病，但只是身體上的，不是心靈上的。」

## 心靈痲瘋病——冷漠

當今世界最嚴重的疾病不是肺結核或痲瘋病，而是被討厭、被忽視、被遺棄的感覺。當代最大的罪惡不是別的，而是缺少慈愛和慈善，是對街角正在遭受痛苦、貧乏、疾病、傷害的人們所表現出的可怕冷漠。

——德蕾莎修女

有些人只是身體長痲瘋，另外一些人身體雖然無恙，心裡卻長了痲瘋——冷漠。冷漠才是這個世界上最可怕的疾病。

德蕾莎修女說：「絕對不要讓你身邊的任何一個人感到孤單與不被愛，這是所有疾病中最糟糕的一項。」

痲瘋病收容中心因為加爾各答市區的不斷擴大而不斷搬遷，一九六一年，印度政府給了德蕾莎修女一塊舊鐵路部門荒廢的土地，德蕾莎在此才算正式成立收容中心。每個月大概都有一千四百多名患者在此得到治療和照顧。後來，這裡還發展成一個醫療照護中心，有醫院、工廠、學校、水池、菜園等設備的康復社區。

一九六四年，教宗保祿六世訪問印度，他在孟買發表演說：「德蕾莎修女的使命是普世性的。為了幫助她的工作，我要把我在印度使用的轎車送給她。」

修女原本想以用不著為由推掉這份禮物，教宗卻堅持要德蕾莎收下，並且說：「為了妳的窮人，好好利用這輛車吧。」

這句話讓德蕾莎修女靈機一動，決定拍賣這輛車。由於是教宗座車，許多有錢富豪都爭相搶購。最後，德蕾莎修女用這筆款項，在聖地納加爾蓋了一間新的痲瘋病康復中心。

德蕾莎修女將中心命名為「善蒂訥之家」，意思是「和平之城」。這裡一開始就收容了四百個痲瘋病家庭，經過有效治療和看護，多數病情都獲得控制。

然而，即便德蕾莎修女如此努力奔走，為痲瘋病患治療，卻仍然無法消除人們對痲瘋病的恐懼和歧視。許多人病癒返回社會，還是無法立足，最後被迫回到這裡。甚至有些病人為了繼續留在中心，不惜將已經快好的傷口再度撕破。

德蕾莎修女知道，對於痲瘋病人僅只是照護醫療是不夠的，必須配合「工作治療」，也就是訓練他們自力更生的能力。讓這些人重返社會後能夠自立，不必再行乞或被人看輕。

於是，德蕾莎修女成立了職業訓練中心，讓病情受到控制的病人按能力和需求，接受一些工作訓練。像是發傳單報紙、紡織、製造藥囊，或者進木工工廠、製鞋工廠、養殖場、到農地種田等。

工作治療產生巨大的效果，許多病人都在此找回了傷痕累累的自信。他們了解到痲瘋是一種病，不是一種罪，他們也不是社會無用之人。在中心，每個病人都被當作正常人看待，絕對不是被社會拋棄的病患。他們在這裡找回平安、自信與尊嚴。

曾經有個全身潰爛的病人問德蕾莎修女：「為什麼妳能夠忍受我，是因為我這個樣子令妳高興吧？」德蕾莎修女平靜地說：「跟你所受的苦比起來，我所做的都不算什麼。」過了一段日子，這個病人終於被感動，對德蕾莎修女說：「願您得榮耀。」德蕾莎修女卻說：「得榮耀的應該是你，因為你與基督一同受苦。」

唯有被遺棄才是不治之症，需要透過愛與關懷，長久耐心地付出才有可能痊癒。然而，若是被遺棄者無法扭轉被遺棄的想法，那麼即便再多的愛與關懷，都救不回這個病人。

# 第二十一章

# 愛的果實是服務

有任何機會可以讓你去做最不起眼卻最應該要做的小事時，你就要經常做，而且必須基於愛心來做這些最微不足道的事情。

——聖女小德蘭

一九六五年二月一日，教宗批准德蕾莎修女的申請。此後，仁愛修會可以向全世界設立同樣的貧民服務修會，服務所有窮人。

一般來說，地方修會的升級申請必須等待三、四十年，然而仁愛修會從成立到通過，不過短短十五年，正如德蕾莎修女說過的，「這是上帝的工作。」沒有人能夠攔阻上帝的工作。

這一年，德蕾莎修女五十五歲，仁愛修會成員達百餘人。從這天開始，人們尊德蕾莎為 Mother Teresa（德蕾莎姆姆）或德蕾莎院長。因為按照慣例，只有修會會長或公認長老修會院長，才能被尊稱為 Mother（當然，這些稱謂對德蕾莎修女來說一點都不重要）。

曾經有一位美國國會議員問德蕾莎修女：「在印度這個困難重重的地方，妳的努力到底會不會成功？」

德蕾莎回答：「我並非追求成功，我只追求忠誠。」

在她眼中，愛與忠誠是人類最重要的品德，也是對神、對人最大的承諾。忠誠裡包含巨大的力量，至死忠心的人，是神所喜悅的。

神不問我們做了多少，事情是大是小，祂關切的是我們在這些事情上付出的心力。除非我們以愛服事，否則任何工作都沒有意義。欠缺愛的工作，不過是苦役，乃是徒勞。

如果我們願意常常自省：「在這件事情上，我真的已經盡心盡力了嗎？」則無論我們做了什麼事情，即便是攙扶老人過馬路，我們所做的一切，都是把愛獻給耶穌。

面對憂愁困頓、靈性貧乏的人時，我們一定要保有純淨之心。唯有如此，才能在這些人身上，看見耶穌基督的身影；也唯有如此，當我們面對他們時，才能保持自己的信心，在其中尋找主的榮光，並且喜樂地去愛這些基督的化身。我們以服務這些人為榮，並把主的愛分享給這些人。

我們必須在公眾面前宣揚基督對世人的愛，也必須以祂愛世人的方式去愛人，兩者缺一不可。在行動中，把基督的愛放在裡面，讓世人認識基督的愛。

完成一件成果豐碩的事工後，要馬上把它丟在一邊，免得自己驕傲自大。要知道，能夠成就這項事工，並不是因為自己能力有多強，而是主賜給我們這項工作所需要的才能，並且親自看顧工作的進行。沒有主，我們什麼也做不到，更不能把榮耀據為己有。

愛的果實就是服務，愛引領我們為世人服務。服務的果實則是平安。我們每一個人都應該致力於個體和群體的平安。

## 替窮人看緊荷包

同年七月六日，第一所印度境外的仁愛修會在委內瑞拉可可瑞特成立了。這個修會的成立，要歸功於德蕾莎院長的好朋友，原籍澳洲的印度大使葛奧主教。在梵蒂岡會議期間，葛奧主教剛好坐在委內瑞拉主教身旁，他頻頻提起德蕾莎院長，讓委內瑞拉主教十分有興趣，於是萌發邀請德蕾莎院長到委內瑞拉教區開辦修會的想法。

當修會的修女抵達可可瑞特，發現修會裡面準備了嶄新電冰箱、家具後，德蕾莎修女說：「可可瑞特的窮人，沒有電冰箱與漂亮的房子吧？你們不必瞞我！我們不需要電冰箱或洗衣機。」

然而，好心的人們與德蕾莎爭辯說：「這裡很熱，希望這些家電能夠派得上用場。或許現在用不到，但將來或許用得到，至少可以保存藥品啊！」

德蕾莎聽完，接口說：「好吧。如果以後他們為了窮人的緣故，需要這些東西時，上帝會自己照管，但現在他們不需要，請你們拿走吧。」

這個拒絕看似浪費，但守住更重要的神貧精神。若沒能守貧，修會的一切窮人事工將會瓦解。

對德蕾莎修女來說，修會的每一分錢都是屬於窮人的，不能夠浪費。抵達委內瑞拉之前，德蕾莎修女便知道此處未婚媽媽的問題相當嚴重，於是想建立一個專門收容未婚媽媽的中心，政府當局也甚為支持。於是。德蕾莎修女到處尋覓土地，洽談購地事宜。

後來，修女看中一塊土地，然而土地所有人在洽談價錢時卻獅子大開口，要了相當於一百萬美元的天價。德蕾莎斬釘截鐵地說：「不！」轉身離開。震驚的德蕾莎修女後來對隨行人員說：「這些人根本不替窮人著想，我簡直不敢想像，如果我們接受了這個對窮人有害的浪費，會有什麼可怕的結果。」

德蕾莎深知金錢的重要性。她不會假裝視金錢為糞土，感恩地接收每一分錢的奉獻。因為，她深知這些奉獻的可貴與重要性。正因為如此，她更要精打細算的替窮人看緊荷包，審慎使用每一分錢。

## 在全世界守貧

仁愛修院守貧精神的實踐，並沒有因為時代的變遷與更加富裕而更改過標準，因為赤貧窮人的標準也從未變過。而仁愛修院所服事的，正是這些窮人中的窮人。

一九八〇年代，有一個旅居西班牙即將搬回本國的人，將用不到的電冰箱、電視機、洗衣機、家具等等都送到修院。修女們看這人如此熱心，就接受了。沒想到當德蕾莎修女來到之後，還是拒絕了這些家電。在當時家電已經相當普及，甚至某些窮人家裡也有。

德蕾莎修女曾經對管理分會的同工說：「你要幫我們照管這些修女，要她們恪守貧窮喔！」這就是德蕾莎修女可愛而且能夠如此成功的原因。

在貧窮充斥的印度加爾各答，要恪守貧窮或許容易；然而在紐約、底特律、馬德里這些先進的富裕大城卻很難。但是，德蕾莎修女深知，若修女、修士們無法恪守神貧，神的事業將會受到挫敗。德蕾莎修女說：「神貧讓我們從物質的牽絆和占有欲中得釋放，然後以這樣的自由去專一的愛。」所幸仁愛修會的修女、修士們，沒有使上帝與德蕾莎修女蒙羞過。

有一天，有個窮人來到可可瑞特修會，請求修女給她兩百美金。她說她急需這筆錢。修女們雖然不認識她，還是把錢給了她，而這是當時修會裡面僅有的全部現金。

過了不久，一名身材高大的年輕人走進修會，交給修女一筆錢，什麼話都沒說便轉頭走了。修女打開信封一看，正好是兩百美金。當然，修女也不認識他。

對於守貧的人，神親自看顧保守。

天上的鳥兒、野地的花，既不種、也不收，但神卻依然餵養照顧。憂慮地上的事，將會帶來無窮盡的困擾和疲乏；只有將自己全心交託給主，神貧就能讓我們得真自由。

神貧讓我們恭敬地向神承認自己的軟弱、無能和無有，謙虛地接受這一切。因為貧窮，所以必須將自己全然交託給神，對神只有全然的信靠，反而能夠得到神豐富慈愛的垂顧。

## 電視台需要主耶穌

有一次，德蕾莎修女參加美國一個晨間實況轉播節目，電視台主持人打扮得奇裝異服，令她十分吃驚。從不看電視的德蕾莎修女，不知道電視的進行竟然時常得被廣告打斷，而廣告內容盡是一些加工產品，以及沒有營養價值的食物。這讓她更為震驚，因為她一直苦於找不到可以提供挨餓者的營養食物，好讓這些人可以多長一點肉，沒想到電視台廣告裡竟然全都是垃圾食品，修女遂以十分清楚的聲音說：「我看到電視台需要主耶穌。」

霎時，整個電視台人員靜默下來，啞口無言。當時是廣告時間，德蕾莎修女的話並沒有放送出去，卻被紐約時報記者報導出來。

對於電視，德蕾莎修女並沒有太排斥，因為曾經有個對生命失望的男子，看了訪談德蕾莎修女的節目之後，對人生和上帝重拾信心。

電視這個媒介本身並沒有罪，有罪的是誤用電視的人。

# 第二十二章

# 愛世界從愛家人開始

我們若要成為有愛的人，
必須從愛自己的家人開始。

——德蕾莎修女

有一天，德蕾莎修女在路邊看到一名小女孩，便帶她回仁愛之家。在仁愛之家供她吃住，雖然不是華衣美食，但也夠溫飽了。

過沒幾個小時，小女孩就逃跑了。德蕾莎派人四處尋找，過了幾天才找到小女孩。德蕾莎修女怕小女孩再跑掉，便吩咐修女要隨時注意她。

但沒多久，小女孩又跑了，負責照顧她的修女便尾隨其後，想看看究竟小女孩要跑到哪裡，更想了解小女孩逃跑的原因。

沒多久，修女就發現小女孩的蹤跡，原來她跑回母親的身邊。當時她母親正在一棵大樹下，用兩塊石頭拼成生火器材準備要煮飯。

這位負責照顧小女孩的修女，隨即將這件事告訴了德蕾莎。德蕾莎隨即趕往該處，卻在小女孩身上看見洋溢的喜樂。因為，她的母親正在替她準備最愛吃的食物。

德蕾莎修女遂上前詢問小女孩：「為什麼不和我們一起住？我們那裡有好多漂亮的東西。」

小女孩說：「沒有媽媽我就活不下去。」她開心地吃著媽媽煮的食物，幸福洋溢。

## 真正幸福富足的人

務必從小教導孩子彼此相愛，當孩子長大時，也就懂得如何愛人。如果我們能夠協助每一個家庭團圓，那將是非常美好的一件事情。

我們來到這個世界，是為了當個愛的見證者、為了讚美生命，因為我們每個人都是上帝所造；祂要我們去愛人，也接受人的愛。

生命是神所造的，有神的形像和樣式，我們的生命屬神所有，沒有任何人有權奪走其他人的生命。

時下的家庭並不缺乏物質，而是缺乏愛。我們忙到沒有時間關心自己的父母、子女。家人之間也沒有時間彼此關心，更別說全家共享家庭之樂。如果自己的家人都無法去愛，又怎麼能愛這世上的不幸和苦難？

我們真的明白家人的真正需求嗎？真的明白如何愛家裡的人嗎？我們能提供一個令子女安心快樂的家嗎？當孩子疏遠家庭、遠離父母，甚至學壞時，我們肯捫心自問原因在哪裡嗎？是不是欠缺了關心與愛，讓子女不願意回家？

當代社會的每個人，為了補習、考試、工作發展、財富累積等事，天天衝鋒陷陣，忙碌不已。然而，家庭卻愈來愈無人聞問，父母沒有時間陪伴子女，人與人之間的和諧，從家庭關係開始崩潰。

為你的家人禱告吧！

唯有懂得愛人與被愛，才是真正幸福富足的人。

## 以愛來改變

對許多人來說，愛電視所播放的遠方災民、窮人病患，比愛家人容易得多。有些人積極參與社會工作、籌辦慈善活動、大量捐款、擔任義工，卻對身邊的家人朋友，甚至自己的父母不聞不問。

只關愛遠方是不夠的，愛必須從身邊的人開始。聖經也說：「當愛你的鄰舍。」更要愛你的家人、父母、朋友、伴侶和孩子。如果連身邊的人都不愛，又怎麼可能真心誠意地愛遠方的災民？

然而，我們許多人似乎都是如此。即便不是愛遠方的災民，也是愛著我們的工作、成就、財富和地位。拚命追求，把這些事物當愛人一樣地追求膜拜，卻不願照顧父母、孩子，導致事業有成，家庭卻分崩離析。

就算你賺得錢財，但家庭卻崩毀了，自己和家人反而成為需要被救助的災民。

德蕾莎修女發現在西方與先進國家，貧窮依然存在，只是大多數的貧窮不是缺少麵包或遮風避雨的物質上的貧窮，而是缺少關愛的心靈貧窮。

許多人用舒適的生活環境、優渥的金錢，把自己隔離在世界之外，甚至在家中默默離世也沒有人知道。

德蕾莎修女說：「世界上有許多人僅僅渴望一小片麵包，但卻有更多人渴望一點點的愛。」

有一天，德蕾莎修女在倫敦街上發現一名老人獨坐街邊，看起來相當落寞。德蕾莎走了過去，一句話也沒有說，就握住老人的手。過了一陣子，她看見這個老人滿臉淚水的說：「好多年了，好多年來，沒有一雙這麼溫暖的手碰過我。」在英美先進國家，缺的不是麵包，而是與人相處的愛與熱情。

試想，我們有多久沒有接觸過一雙真誠的手與擁抱？

對德蕾莎修女來說，心靈的貧窮才是人類最嚴重的疾病，特別是那些被家人、朋友拋棄的人；拋棄者的冷漠與被拋棄者的無助，構成了當前世代最嚴重的貧窮。心靈貧窮者，也是德蕾莎修女關懷的對象。

在日本，許多年輕人罹患了不敢出門的病，成天把自己關在房子裡，連三餐都要父母送到房門口。這些人不渴望與人接觸嗎？並不是！因為這些孩子還是透過網路連上了世界，四處尋找可以了解、願意傾聽他們想法的人。

物質富足，但卻被鎖在貧乏心靈裡的人，是最可憐而需要被幫助的人。德蕾莎修女盼望用愛與關懷，將他們帶回世界。

人是社會性的動物，失去關係與認同，是最可怕的疾病。被拋棄與冷漠，是這個時代的癌症，必須被治療、拔除、改變，並以愛來轉化。

## 愛看的見的弟兄姊妹

有一次，德蕾莎修女去探望一名獨居老人，當她和修女們走進房屋時，發現裡面一片混亂，又相當黑暗。於是修女們提議幫老人打掃住處。老人揮了揮手說：「不用了，修女！

這樣挺好的。」但修女們不理會老人的拒絕，開始動手打掃，德蕾莎修女則陪坐在老人身邊。

在打掃過程中，修女們發現了一座相當漂亮、但積滿灰塵的燈。德蕾莎修女問她：「為什麼不把燈點起來？」老人說：「反正沒有人來看我，何必開燈。我自己也用不到燈啊！」

德蕾莎說：「如果修女們來看您，您願意點燈嗎？」

老人說：「那當然！如果有人來，我會把燈點亮的。」

兩年多後，老人差人帶了一封信給德蕾莎修女說：「您點亮了我生命中的燈，直到現在，這盞燈都還亮著。」

生活在富裕社會的人不缺乏物質，內心卻相當空洞。許多父母忙於業績成長，卻忽略了孩子的心靈成長。缺乏愛與關心引導的孩子，享有豐富的物質生活，卻找不到生命的方向。巨大的疑惑排山倒海湧向心頭，孤獨和不安陪伴這些孩子度過每個漫漫長夜。

德蕾莎修女說：「這也是貧窮的一種面貌。」

德蕾莎曾在街頭遇見一些閒晃的少年，她問道：「你們怎麼不回家？你們應該待在家裡和父母親在一起。」

少年卻反問德蕾莎：「應該回家嗎？我不知道！我的母親不喜歡我，我不是沒回家過，但每次都被趕了出來。」

德蕾莎驚訝地問：「為什麼？」

少年說：「因為我媽媽不喜歡我留的一頭長髮。」

等德蕾莎修女離開，辦完事後再回到原先碰見這少年的地方，發現他似乎因為嗑藥而神智不清，於是，把他送到醫療院所。在途中，德蕾莎修女突然想到，這個孩子的母親說不定現在正為遠方的窮人募款。

現代的家庭成員可以聚在一起看電視吃飯，但目光卻聚焦在電視而非家人身上。彼此默默無言，靠的是電視的喧囂來掩飾家庭中不安與冷漠的氣氛。

如果我們不能夠愛家人，如何愛窮人？愛如果不是出自家庭，我們如何保證它會是美善的？新約聖經說：「他既然不愛那看得見的弟兄或姊妹，怎麼能愛那看不見的上帝呢？」（約壹四20，現中修訂版）然而，我們到處都可以看得到愛看不見的上帝，卻與弟兄姊妹分裂的人！

## 世界上最幸福快樂的人

西方世界對貧窮的國家，投以大量的捐款和奉獻，但對於身邊的孩子與社區卻愈來愈疏忽。德蕾莎修女認為，光是給錢是不夠的，錢不是問題，應當付出誠心，將愛散播到你所經過的每個角落。人們之所以只給錢不願給愛，是因為人們無法在家庭中找到愛的結果。

有一次半夜三更，德蕾莎修女被敲門聲吵醒，原來是一個孩子跑來敲她的門，放聲大哭：「我去找爸爸，爸爸不要我；我去找媽媽，媽媽也不要我。您要我嗎？」

德蕾莎修女當然要，於是將孩子安置在兒童之家。因為她深知孩子受的傷太深，需要更大、更多的愛，還有很長的時間，才有辦法修補創傷。

人活著不單靠食物，也渴求愛和關懷。缺乏愛，心將逐漸萎縮。對於富裕國家的人們，需要的不是食物或更高的經濟成長，而是彼此相愛的心。

德蕾莎修女曾經在一次演講中提到：「我只要求你們一件事，看看你們身邊。如果在家裡看見貧苦的人，那麼就從家庭開始愛起。付出你們的微笑，付出時間給身旁的人。」一即便會遭受痛苦、衝突、波折，也必須愛到底。

真正的愛，是需要付出代價的，不是溫馨的假道學，而是生命真正的碰撞與交流所產生的火花。

有許多人根本不認識身邊的人。如果我們真正認識這些人，就願意去關心他們、愛他們、了解他們的需要，了解他們正遭遇的痛苦和困境，並且伸手幫助他們，不會讓他們成為新貧。

「每一個人」都需要被愛與關懷。這些人就在你我身邊，他們也是神眼中看為寶貴的人。不要去遠方尋找上帝，祂不在遠方，而在你腳前。

能夠彼此相愛的人，才是世界上最幸福快樂的人。任何財富、金錢、名聲與地位，都無法取代這份幸福。

# 第二十三章　全世界最有影響力的女人

愛是靠行動來印證的。
抽象的概念比不上事實的說服力。

——德蕾莎修女

## 直接晉見總統

德蕾莎修女在印度，是少數不用事先安排預約，到總統府去只要通報一聲，就可以直接晉見總統的人。而且一連好幾屆總統皆然，至於德蕾莎修女和歷任總統談些什麼，則絕對保密。

## 出門不用帶錢

由於德蕾莎修女所掌管的仁愛修會遍及全世界，再加上來自各界的奉獻捐款甚多，許多銀行業者無不希望拉攏德蕾莎修女成為客戶。畢竟，若能擁有像德蕾莎修女這樣的客戶，對銀行來說無異是活廣告。

再者，許多大企業、社會名流都非常樂於捐款給德蕾莎修女與仁愛修會，只要這是「德蕾莎修女想要的」，一切都好辦。

但是，所有的銀行業者都碰壁了。後來，有家發行旅行支票的銀行業務想到，既然德蕾莎修女必須在世界各國奔波，使用旅行支票既方便又安全，全球都可兌換，他以為這下應該沒問題了吧！

沒想到，修會負責相關事務的人員還是回絕了，理由是：「德蕾莎院長旅行時，身上從不攜帶現金、支票或外幣。她的朋友和相關工作人員一定會到機場接機，她的行李只有護照，她到哪裡都被視為貴賓，根本用不到錢。」

## 三份小文件

德蕾莎修女紀念館中，收藏了德蕾莎修女的書籍、文件、錄音帶、紀錄片、簡報和相關物品。其中有三份小文件，見證德蕾莎的工作受到世人的景仰與支持。

一、一年內有效搭乘所有加爾各答電車的自由電車通行證。此證為加爾各答政府發給德蕾莎修女的自由通行證，幫助她順利往來各地。

二、德蕾莎和修女們搭乘的自由二等火車票券。德蕾莎修女因為工作需要，經常得搭火車往來印度各處。

三、一張可以搭乘印度航空，前往世界各地的自由通行證。有了這張證件，德蕾莎修女可以免費搭乘印度航空的所有班機，前往世界各地。

## 來自全世界的奉獻

人們有多樂意奉獻給德蕾莎修女，可以看看下列幾個例子：

一九八五年時，有位佛教徒女士捐給德蕾莎一棟位於大吉嶺山區的房子，附有很好的家具，光是土地就價值十萬美元，德蕾莎修女原本不想接受，因為她在此地已經有五所收容所了。大吉嶺主教勸德蕾莎說這裡可以拿來當作休息站。修女接受了這個奉獻，把這裡當作愛與禱告的中心，在此敬拜上帝。

一九八六年，航空女士教區的史瓦恩神父（因為該教區設於多倫多機場所在地）來到加爾各答，帶了一張三千四百元美金的支票要轉交給德蕾莎修女，但德蕾莎不在，便轉給當時負責的修女，這樣巨額捐款對修會來說是家常便飯。

美國奧克拉荷馬州有一名守寡多年的女性圖書館員，將畢生積蓄三十萬美金全部捐給德蕾莎。

有一次，一對新婚夫妻來探望德蕾莎修女，並帶來一大筆錢。德蕾莎問道：「您們怎麼會有這麼多錢？」這對夫妻回答說：「前幾天我們舉行婚禮，不過早在婚禮之前，我們就決定不辦喜宴，把這筆錢省下來捐獻給您，好見證我們之間的愛。」

德蕾莎驚訝地問這對夫妻：「您們為什麼要這麼做？」他們回答：「我們彼此相愛。因此，我們也願意與人分享這份愛，特別是您所服務的大眾。」

## 微薄奉獻的背後

大愛不在大事裡，而在小事中。——德蕾莎修女

有些奉獻的金錢雖然微薄，但背後的犧牲和付出更是德蕾莎修女所看重的。

有位法國神父在寄給德蕾莎修女的五百二十五法郎匯票上寫說：「這大概是我一個月份的午餐費。我在寄宿的地方犧牲了午餐，為的是希望用我的節食，分享給那些貧窮的人。我認為像我這樣的人，由於神的保守有強健的體魄，是可以節食的。下個月我會給您寄去相同數目的錢。」

在英國，有名計程車司機得知自己載送的乘客，是即將前往參加德蕾莎修女所主持的捐款活動後，在車子抵達目的地時，司機拒絕收錢，並請求乘客替他捐出這趟車資所得。

另外，有人把原本要購買新大衣的錢匯給了德蕾莎修女。因為她左思右想後，發現原來的大衣還可以穿，決定不買新衣。

有一名出身天主教家庭的孩子，在初領聖餐前夕告訴父母，希望把要替他買新衣服的錢省下來，也把原本要買禮物的錢都省下來，捐到德蕾莎修女的仁愛修會。至於他自己，穿學校制服去領聖餐就行了。

他的父母聽了孩子的話相當感動，認為既然孩子願意捨棄自己的新衣服和禮物，自己一定也能捨棄點什麼，好捐給仁愛修會。最後，父親決定戒酒，母親則決定戒菸，並將這些原本打算拿來買菸酒的錢全都捐給德蕾莎修女。

## 來自孩子的奉獻

有一天，德蕾莎修女和一群訪客聊天時，看見一名戴眼鏡的中年婦女帶著幾個孩子站在走道旁，像是在找她。於是，德蕾莎修女告別眼前的訪客，出去見這群孩子。

原來，這群孩子來自郊區一所學校，陪他們來的是校長。校長對修女說，這些孩子全都是每個班級的前兩名學生，他們在學校即將頒獎表揚的前一天集體告訴校長，希望將買獎品的錢捐給德蕾莎修女、捐給更有需要的人。

世界各地的孩子，在了解德蕾莎修女的事蹟後，展開自發性的捐款奉獻。

在西班牙的各級學校裡，學生每天省下部分零用錢，集中寄往印度。這種捐款行動在西班牙的校園中，已經是司空見慣。

在日本，有個人了解德蕾莎修女的工作與印度兒童的狀況後，對他的孩子說：「我們雖然不是富裕人家，而且由於通貨膨脹和能源危機，日子比以前還要苦。但我們一天還有三餐可吃；如果說世界上所有的人都是弟兄姊妹，那我們為何不把麵包分給比我們更窮的人？」這兩個孩子回答：「為了幫助印度的孩子，我們可以每週三次不吃水果，把省下來的錢捐給他們。」這個提議馬上被全家同意並且執行。

在法國，有一部分孩子長期省下零用錢，專為德蕾莎修女的旅行費用奉獻。他們認為修女長途奔波實在太辛苦了，需要很多錢，雖然很多航空公司提供免費機票，但他們還是持續奉獻。

在丹麥有一個兒童協會，負責將奶粉與維他命包裝好寄往印度。每個月三百二十箱奶粉和二十萬顆維他命，全部來自丹麥各級學校學生的志願奉獻。

有加拿大的中學生在學校發起一個禁食會，在特定的日子裡，要求自己禁食二十四小時，體驗印度窮人孩子挨餓受苦的感受，並把省下來的錢定期購買食品，運往印度。

在巴西，有個十五歲的男孩讀到德蕾莎修女的故事後，決定效法這位賢人奉獻自己。因為年紀尚小，於是他決定每年奉獻一個月的零用錢，他說：「德蕾莎修女的窮人比我還需要這些錢。」

德蕾莎修女說：「重點不在於你給多少，而是你給的時候心裡有多少愛。」

## 從不募款，只接受甘心樂意的奉獻

德蕾莎修女與仁愛修會從不舉辦組織性的募款活動，也不販賣任何商品籌募經費。她只願意收到人們甘心樂意的奉獻，由犧牲所結成的果子，才是神所看重的。

德蕾莎修女期待人們自發性奉獻，為了神的緣故而奉獻或犧牲享受。她不希望人們因她所做的這些事情而將她視為英雄或偶像來崇拜，她認為自己相當渺小，只是神手中的一隻小鉛筆。

德蕾莎修女甚至不接受政府或來自梵諦岡的捐款，以保持修會服事的自由度，不會因為捐款人的干涉而讓工作變質。因此，她打從一開始就放棄政府的補助金，沒有補助金就沒有干涉，也沒有人會命令和指導她該怎麼做、做什麼。因為德蕾莎深信，若是神的工作，祂自己會供應；如果神不供應，就是祂不想要我做。

並非所有的奉獻和捐款，德蕾莎修女都會接受。她會衡量這是否是她們所需要的，以及對方是否出於清楚的並且甘心樂意。曾經有來自第一世界的孩子立志奉獻於仁愛修會，但德蕾莎修女看出他的意向不在這裡，便婉轉地拒絕了。最後這孩子還是找到了屬於自己奉獻給神的地方。

當然，世界並非都是善良的。德蕾莎修女長年接受的大批捐款和支票，自然引起歹徒的貪念，有許多人假冒德蕾莎修女的名義和組織接收奉獻捐款；假冒德蕾莎修女的簽名，盜領捐款支票。有許多奉獻的金錢並沒有交到她或仁愛修會手上。

但是，德蕾莎並不願意國際刑警組織太過介入偵查，因為她不想引發不必要的注意或介入訴訟，甚至被迫指認嫌犯。

有鑑於此，一九八七年三月，印度郵局特別為德蕾莎修女安排了一個服務，她的所有郵包都將統一送到孟買，並在德里分類後，由專人轉交郵局，盼望能夠杜絕弊端，減少支票被盜領的情況。

這種偷竊是偷竊中最卑劣的行為，因為這些捐款是要救濟無數窮困孩子、孤兒寡母和老弱殘疾的救急之錢。

德蕾莎修女不願意讓人以為她們是為了傳教而募款，也不要求別人給錢。她是創造機會，讓人們表現愛心，盼望吸引更多服務的心與手，並且願意在自己居住的地方，開始關心、認識身邊的窮人，以愛與他們相處，交流分享神的喜樂。

許多年輕人在德蕾莎修女的服務處擔任義工，並在此找回了生命的價值、人生的意義及失落的信仰，看見基督的愛與光明。

## 全世界最有力量的女人

一九八五年十月二十六日晚上，德蕾莎修女搭乘朋友的車前往聯合國大廈參加一場聚會。這場聚會是為了慶祝聯合國成立四十週年，來賓總數多達千人，各國政商名流、媒體高層群聚。

宴會對與會來賓的穿著打扮要求嚴格，所有人都知道能夠在此發表演說是一件無上榮耀的驕傲。聯合國邀請德蕾莎修女在這個重要的日子演說，並播送關於她的紀錄片。

見慣各國政要與國際政治角力的聯合國祕書長，在介紹德蕾莎修女出場時，以「全世界最有力量的女人」，來讚譽這位瘦小、穿著最便宜印度紗麗和涼鞋的修女。

影片的旁白是理查安東博魯先生。在介紹影片時，他讀了一份來自當時美國總統雷根的祝賀詞：「我對德蕾莎修女把印度視為自己的家感到驕傲，她不僅屬於印度，更屬於全世界。」

影片內容記錄德蕾莎修女和她的修會，往來於全世界各個窮苦之地，服務窮人、安慰受傷的人、照顧孩童、幫助老人與被遺棄者，並與這些受壓迫的苦難之民成為朋友的過程。

當八十分鐘的影片快要結束時，德蕾莎修女走到觀眾席前的講台，接受觀眾喝采。許多人看了影片之後，感動地淚流滿面、無法自己。

接著是德蕾莎修女的演說，這是她一生中最重要的幾個關鍵時刻之一。上帝給她這個機會，見證她的工作以及上帝自己。然後，她像平常一樣禱告，並邀請與會來賓一起向上帝禱告：「讓我們一起感謝上帝，為聯合國在這四十年來替人類服務的一張漂亮成績單而禱告。在我們之間，沒有膚色、宗教、國籍的差別，我們都是上帝的子民。」

緊接著，德蕾莎發表了一場精采的演說，甚至邀請與會來賓與她一起誦讀她為和平而寫的祈禱文。

這位弱小的婦人，在最微小的事情上，全然盡心盡力地擺上自己，然後成就了上帝最大的工作。

曾經有許多團體拍攝過德蕾莎的影片、紀錄片，並且在世界各地獲得好評。在學校、教區俱樂部、社區中心、地方電視台，甚至全國性電視台播放。

在聯合國紀念大會上播送的這部德蕾莎修女影片，前後花了五年才製作完成，隨後便被送到世界各國上映。在聖誕節前夕，獲得許多國家的廣大迴響。來自印度、澳洲、法國、比利時等國的觀眾的回信如雪片般飛來，表達他們的感動與敬意。

德蕾莎修女說：「我所做的一切，都是為了上帝；我在窮人中，為上帝服務。上帝是我二十四小時的神。」

我們曾在什麼地方為上帝服務？祂又占據我們生命的多少？

# 第二十四章

# 神會預備

## ——以愛與禱告為武器的革命家

在靜默禱告中得到愈多，
我們在對外的行動中會付出愈多。

——德蕾莎修女

貝魯特戰爭期間，有人告訴德蕾莎修女，有一群孤兒正等著被送到收容所，修女說：「明天我們就越過戰區去接他們回來。」

聽到的人莫不嚇一大跳，開口反對：「那怎麼可能，太危險了！你們不可能越過戰區的，你們全部都會被殺。」

但德蕾莎修女十分堅持地說：「不！明天一定會休戰。戰爭會暫時停止，趁那個時候，我們會把孩子們帶回來。」

「但您怎麼知道明天會休戰？」旁人不解地問。

「我的姊妹們會為此事禱告的！」德蕾莎修女平靜地說。

結果真的休戰了。德蕾莎修女也順利穿過戰爭線，將孩子帶回收容所。

你說這是巧合，我說這一切沒有偶然，都是必然，是神在其中動工。

要將自己完全交託給神。聖經教導我們，只要有像一粒芥菜種子那麼大的信心，就可以移山。

## 叩門的就給他開門

德蕾莎修女曾說：「我引用上帝的話語，祂說：『凡祈求的，就得著⋯⋯，叩門的，就給他開門。』所以，凡事我都向上帝祈求，如果祈求的事能夠榮耀祂的名，那麼祂便會答應。若不是，便讓我們忘掉這一切吧！上帝才知道什麼是對我們最好的。」

德蕾莎修女總是祈求能夠榮耀神的事，好教世人能夠因此看見神的大能大力。

如果有人問德蕾莎修女：「為何能夠如此成功？」我想修女會回答你：「不是她，而是祂。」正確來說，她也不是成功，而是至死忠心。而其中的關鍵，便是以全然的愛來禱告祈求。

德蕾莎修女和仁愛修會把禱告放在所有的工作與服事之先。德蕾莎深知，若沒有禱告，一切的工作都是枉然。事奉神的核心在禱告，而非其他。工作只是彰顯神榮耀的一種方法。

透過禱告，我們得以與神連結，向神祈求榮耀神的事情發生。

## 禱告，先求祂的國和祂的義——成就一切所需

若是在事工的推行上遇到阻礙，德蕾莎和修女們就向神禱告。真誠的禱告，即便是獨裁的政權都能夠推翻。

有一次，德蕾莎和修女們正為能否在非洲蒲隆地興建第四間收容所而禱告，因為當時的獨裁政權並不同意。結果，原來的獨裁政權很快就被推翻了，新政府接納了德蕾莎修女的申請，修女們的禱告得到應允。

或許，理性主義者會想在每一件事情上去尋找合理的答案。然而，聖經說：「萬事都互相效力，叫愛神的人得益處。」神蹟並不是神親自在你面前顯現（雖然也不是不可能）才叫神蹟，更多的時候，是神用我們猜不透的智慧與豐富成就萬事，應允我們有聲無聲的禱告，讓愛神的人得益處。

在感恩禱告中，我們透過默想，讓自己的心和上帝契合，獲得祂的寵愛。想要生活更有活力，就必須每天挪出感恩禱告的時間。

德蕾莎修女的仁愛修會，要求所有的成員必須默想，深入思索造物主與萬物間的關係。成員們必須能夠從任何人事時地物中，設法找出上帝的容顏；並在意外中，看見上帝的手，找出耶穌的身影，予以頌揚。

基督徒的靈修，就是過著像耶穌一樣的生活，跟隨耶穌的腳蹤。去愛耶穌，讓基督住在你心裡。透過默想，自我潔淨，看見自己的言行舉止，不再忌妒紛爭。

默想不只是在黑暗中默禱，更是帶著耶穌的憐憫、慈愛、謙卑，走入人群，服事窮人。與所有人一起禱告，追求人類永恆的福祉，特別是為最貧窮的窮人而祈福。

德蕾莎修女在瓜地馬拉成立了一支小型社會服務隊。一九七二年，當地發生大地震，造成重大損害，這些修女馬上投入救災工作。在救災過程中發生了一件令人動容的事。

有一位修女在街頭遇到一名病情嚴重、不良於行、飢餓而求助無門的男士，於是把他帶回修道院妥善照顧。沒想到待病情稍微好轉之後，這名男士便告訴修女說：「我得離開這裡，我要把床位讓出來。因為一定還有其他人比我更需要這個床位。」

後來，這位男士找到一份工作，雖然薪水微薄，但每一次領到薪水，就購買物資前來修道院探視，令修女們十分感動。男士雖然物質生活並不富裕，心靈卻是富足的。

## 寵愛窮人

有一次，有位神學院來的修女問德蕾莎：「院長，我認為您老是這樣免費供給窮人各種東西，是寵壞這些人，讓這些人喪失身為人的尊嚴。」

她話剛說完，全場一片死寂。

德蕾莎心平氣和地回答她：「最寵愛人類的應該是上帝吧！沒有人能夠和祂相比，大家也一定明白，祂免費賜給我們各種神奇的禮物。在座各位，沒有眼鏡，但卻能夠看到各種景色。如果上帝認為視力是祂賜予的，所以應該付錢給祂，那您該怎麼辦？」

「再者，我們不斷的呼吸，仰賴空氣才得以存活，也沒付過任何報酬給地球。大家想一想，要是上帝說，你工作四小時才可以換得四個小時的陽光，那會產生什麼樣的後果？有多少人能夠獲得陽光而存活下來？很多修會都太過寵愛有錢人，所以，如果有一個修會是為了窮人需要而成立，好好的去寵愛窮人，不也是一樁美事？」

當德蕾莎修女說完話後，現場更加寂靜。但再也沒有修女提起這個問題。

# 神會預備

在加爾各答仁愛修會，每天得準備九千人份的飯菜供人食用。有一天，一位修女急忙來找德蕾莎說：「院長、院長，我們已經沒有任何食物了，沒辦法提供食物給大家吃。」

對於缺糧，德蕾莎修女也不知如何是好。沒想到，過沒多久，竟然來了一輛載滿麵包的大卡車。

這輛大卡車怎麼會來到仁愛修會？原來，加爾各答政府每天會準備一片麵包、一罐牛奶給學生當營養午餐。可是那天學校突然全部停課，這些麵包就被轉送到仁愛修會。至於學校為何停課，則沒有人知道！

德蕾莎修女認為，這是神的旨意，讓她可以服務窮人。還記得聖經中耶穌以五餅二魚餵飽五千人的故事嗎？神在今天依然繼續行神蹟奇事，只要你為神的國和神的義誠心地向祂求。

關於神的預備，還有一個小故事。

有一天，有個父親跑到修道院來，向德蕾莎修女說：「我的獨生子病得快要死了，雖然醫生開了一帖藥方，但這些藥材都在英格蘭。只有您才能幫我。」

原來，德蕾莎修女在印度政府的許可下，在修院裡存了不少來自全國各地養生、保健藥材。另外，還有一些信徒或非信徒，挨家挨戶收集人們用剩的藥材。修女們把收集到的藥材，又轉送給有需要的窮人。

然而，奇妙的事發生了。當這名父親還在和德蕾莎修女說話的時候，來了另外一名男士，手裡拿著一籃藥材。德蕾莎修女仔細看了一下，籃子裡正擺著這個父親的獨生子所需的各式藥材。

如果這藥材放在籃子底下，則不會被德蕾莎注意到；如果這名男子來的晚或早一點，也不會那麼令德蕾莎震驚。德蕾莎修女說：「他來的真的太是時候了！」

全世界有幾億個孩子，但上帝顯然對這個孩子特別看顧。祂差遣這名男子及時送藥前來，解了燃眉之急。

# 第二十五章

# 讓愛直到地極

親愛的耶穌，無論我走到哪裡，
請幫助我傳播祢的芬芳。

——德蕾莎修女

一九六六年起，德蕾莎修女成了空中飛人，到處奔走籌設各種收容中心；也積極投入各種天災的救援活動，甚至深入戰爭地帶，設立難民營，成立愛滋中心。哪裡有需要幫助的被遺棄者，那裡就有仁愛修會的修女以及德蕾莎修女的身影。

這些修女們以生命傳達愛的訊息，展現神對世界的愛與憐憫。

德蕾莎修女認為，讓人幸福的方法很多。發展科技是一種，減少人口也是。然而，如果不能照顧那些被遺棄者，回應人們的渴求，那麼一切都是枉然。

這個世界擁有足夠的資源讓所有的人活下去，唯一的問題是分配不均。有的地方浪費成性，有些地方貧困不足。德蕾莎和修女們要做的，便是幫助那些貧困者。

德蕾莎修女的工作是世界性的。自從被允許在國際成立分會後，拓展工作從未停過。

一九六四年，德蕾莎修女成立了「德蕾莎修女國際合作會」。該組織由安布萊克負責，並於一九六九年獲得羅馬教廷的批准。

一九六六年，在孟買成立兒童之家。在雅格拉成立痲瘋病療養院。

一九六七年十二月，在斯里蘭卡成立貧民之家。

一九六八年，在教宗親自邀請下，飛到羅馬設立了服務中心。同年九月，在非洲坦尚尼亞和吉力馬扎羅山附近的塔波拉成立收容中心。同月，還在澳洲成立了收容中心。

一九六九年，成立「德蕾莎國際合作者協會」。該組織主要的工作，是讓世界上所有的人都能夠注意到窮人的苦難與需要，然後以德蕾莎修女的精神去愛與給予。

一九七○年代以後，仁愛修院的足跡進入了歐美先進國家。

一九七○年，在加拿大設立了修院與貧民中心，進入澳洲服事，更進入約旦，在伊斯蘭教的窮人間展開工作，照顧被遺棄者。那裡的穆斯林尊稱德蕾莎與修女們為「朝聖客」，因為她們的白袍有如到麥加的朝聖者。

一九七○年十二月八日，倫敦成立了仁愛修院的初學院。

一九七一年，美國紐約有了仁愛修院的足跡。修女們設立日間照顧所，收留精神病患，幫助貧窮病患與被家人放棄的重刑犯。

在美國，有一次一名修女在路上發現一個雙腿生瘡，需要入院治療的人。於是她打了電話找救護車。沒想到卻來了一輛警車，因為這個地區是連救護車都不敢來的地方。警察一下車，就朝著那個病人咆哮，那人嚇得跑走了。

這名修女非常生氣，對警察說：「長官，這個人是我的耶穌，而你剛才對他所說的，就是對耶穌說的。」警察相當驚訝，從未聽過有人這樣說，立即低頭道歉，花了一個多小時才把病人找回來。

一九七六年，仁愛修會在紐約成立了第一個默觀分會，裡面的修女則被稱為默觀修女，其職責主要是祈禱。她們一天除了兩個小時照顧窮人外，其他的時間全部用來為修會的修女、修士們禱告。默觀分會之所以建立在美國紐約，是因為德蕾莎修女認為，在大城市中更需要靜默與沉思，更需要密室。因為上帝只有當人們開始安靜時才會說話。

一九七七年，仁愛修會進入香港與台灣成立服務處。

一九七九年，仁愛修會的足跡甚至進入當時仍為鐵幕的共產國家，進入衣索比亞、南葉門、尼加拉瓜、古巴和蘇聯等地設立收容中心。

一九八〇年開始，仁愛修會也接受吸毒者、娼妓和受虐婦女，收容中心更擴展到黎巴嫩、西德、墨西哥、巴西、祕魯、肯亞、比利時、新幾內亞、菲律賓、海地、阿根廷等國。這些地方都設有收容中心、醫療中心、藥物派發中心、貧民學校等機構。

曾經有人警告過德蕾莎修女，要在衣索比亞成立收容之家並不容易，很多社福機構都希望前進衣索比亞，但全都被打了回票。不過，這並沒有嚇跑德蕾莎修女，因為在衣索比亞挨餓的孩子，讓德蕾莎修女的心深感難過。

於是，德蕾莎便和修女們一起來到衣索比亞探視，並透過特殊管道見到國王。德蕾莎修女向衣索比亞政府表示：「我們全心全意為窮人中的窮人提供免費的服務，為人們帶來慈悲與愛。」當局擔心德蕾莎修女只想傳教（這同時也是伊斯蘭教國家不允許基督教團體進入設立機構的主要原因），德蕾莎修女堅定地說：「我們的博愛是讓受苦受難的窮人感受到上帝對他們的愛。」最後，衣索比亞當局准許了德蕾莎的仁愛修會進駐，那是早在一九七三年的事情了。

仁愛修會同工組織的成員來自世界各地，有天主教徒、基督徒、佛教徒、印度教徒、伊斯蘭教徒以及其他宗教信徒，有男有女，有老人有少年，有窮人有富人，有黑人有白人，來自世界各地。同工們被德蕾莎修女的精神所感動，紛紛獻出自己，投入窮人事工。這些人全都是為了服事窮人而來，不是為了傳教，不是為了賺錢（西方許多社福機構領的是政府或世界組織的高額預算，組織顧問們賺的錢遠超過他們給予當地窮人的），只單單被德蕾莎修女的大愛所感動，前來貢獻一己之力。

單純的為窮人擺上，沒有任何的目的或利益追求，讓德蕾莎修女的仁愛修會無法被人拒絕，幾乎順利進入全世界的每個角落。

據統計，到一九八〇年，該組織同工人數將近十四萬人，但顯然有被低估。許多人默默的付出，卻不曾登記成為工作人員。

一九八五年，在紐約成立第一家愛滋病醫院。

一九八八年，德蕾莎修女前往莫斯科，提議幫助那些受車諾比電廠核能外洩污染的人們成立救濟中心。

一九九一年，德蕾莎修女被允許在家鄉阿爾巴尼亞成立收容所。這無疑是令德蕾莎修女感到歡欣鼓舞的一件事情。這個她離開六十多年，一直想要服務，卻無法進入的國家，神終於聽到她的禱告與祈求了。

截至一九九七年德蕾莎修女過世為止，仁愛修會在全世界一百二十七個國家地區，成立了六百多個會所。共有修女、修士七千多人。其中修女四千五百人（來自一百一十一個國家地區），每一個人的面試都由德蕾莎修女親自參與。

在最不歡迎傳教士的獨裁非洲政權與中亞阿拉伯國家，德蕾莎修女獲得了熱烈的歡迎與鼓勵。無論是越南、北愛爾蘭、斯里蘭卡、柏林、以色列占領區、巴勒斯坦難民營，哪裡有苦難、疾病、貧窮、被遺棄者，那裡就有德蕾莎修女的身影。

沒有任何戰爭或不公義能夠挫折這群修女服事窮人的腳步。許多人總勸操勞繁忙的德蕾莎院長多休息，但德蕾莎只淡淡地回答：「我有無限長的時間可以好好休息。」

德蕾莎修女一生奉獻仁愛修院，擁有多達七千多名正式成員，總資產高達四億多美元，全世界的人都捐款到仁愛修院。然而，德蕾莎院長除了一盞電燈外，就是三件紗麗（全部同一款式，一件穿、一件洗、一件等待縫補），一雙涼鞋。她沒有祕書，所有信件都親自回覆，每天必定從事服務工作，衣服也自己洗。

德蕾莎修女說，這個世界上沒有一個地方是沒有貧窮和不公義的，只要還有人伸著孱弱的手，渴求愛與同情，那麼她們的腳步就不會停止。世界對修女們來說，只有一個，都是屬神的國，不分種族、國界、文化、語言、地區，哪裡有人呼喊「我渴」，仁愛修會就往那裡去。

德蕾莎修女說：「物質的富裕不能給人帶來真正的幸福，唯有愛上帝、愛耶穌、愛人，才會有真正的幸福。」

然而，一九九五年，德蕾莎修女在紐約時，卻將成立數十年的組織「國際義工傳道協會」解散了。因為她擔心董事會、銀行帳戶和許多組織事務，會讓這個組織逐漸官僚化。這和她當初成立的宗旨不合，與其透過組織服事窮人，何不直接到修會幫忙，或就近照顧自家社區的窮人。

每個人都可以付出，都可以奉獻，都可以服事窮人，不一定要透過這個組織，也不一定要到德蕾莎修女的修會去。在自己的家鄉，你也可以做一樣的工作。就在你生活的周遭，有正為貧窮和疾病所苦的弟兄姊妹等著你去探訪照顧。德蕾莎修女盼望我們能夠在自己的家裡、鄰舍與城市，成為上帝仁愛的陽光。

在仁愛修會的每個分會門口，都有這一面寫著如下字句的義工招募牌子：

你來到跛足傷病垂死者之間服事耶穌，我們很高興，很感謝你願意藉著這個組織來見證上帝之愛，並且付諸行動。記得，是耶穌在透過我們做工，我們只是服事的工具。問題不在於我們做了多少，而是我們在做的時候注入了多少愛。

我們或許也做義工、進行慈善工作，但多半時候肯定替自己留了退路，找舒服容易的工作做，甚至認為捐款就夠了。然而，德蕾莎修女和仁愛修會卻是直接地深入最貧窮、最困苦的地區，以實際行動幫助窮人、服務窮人，這才是真正的給予及幫助。

到仁愛修院擔任義工的人們，幾乎都在信仰或生命上經歷重生，重新思考生命的意義、自我的價值，體會並領受到來自神的愛。與其說是服事窮人，倒不如說是服事者透過窮人，看見了耶穌，接待了耶穌，並且重新認識了主基督。

許許多多的服事者都見證了服事窮人對自己生命的改變，喜樂如潮水般湧出，生命如鷹展翅上騰、重新得力。在這裡獲得痊癒的不只是窮人的身體，更是付出愛與關懷者的心靈。

奇妙的是，當你給的愈多，你就獲得愈多。當你幫助窮人時，世界就變得富足而美好，心裡獲得真正的滿足和平安。在仁愛之家最苦難的光景中，工作人員和窮人們卻都看見了上帝的愛與美好，看見了和平與關懷，看見生命與希望。

在這裡，屬世的價值觀將被挑戰、顛覆，人們逐漸會了解，擁有愈少，其實愈快樂。修女們儉樸的生活所產生的巨大力量，讓人見證純粹的力道。這條簡單的道路，就是最接近神的路。

你的付出或許只像掉入大池子的小石塊，僅僅激發一點點漣漪。但神看重的不是大或小，而是在擺上時所注入的愛的純度。

仁愛修會的義工遍佈世界，因為這些與德蕾莎修女同工的人們，德蕾莎的窮人事工才得以如此迅速的擴展。德蕾莎修女說：「若沒有這些義工，我們的工作將無法推行。」

偽裝愛與關懷很容易，捐款奉獻很容易。但願意親自到第一線，獻出自己的生命和時間，才是神所看重的真付出。當你以為是你在付出，實際上獲得最多的人，最後都是付出的這一方。接受付出的人，其實也是在付出愛與關懷。因為他們信任付出者，把自己交在他們手中，成全了愛的誕生。

所有的事，你以為是為別人而做；到最後，你發現其實都是做在自己身上。許多服事者帶著滿身的心靈創傷而來，但卻喜樂滿溢如潮水湧出般的離去。

## 我們的寶庫——患病與受苦的同工

若僅僅使用健康正常的人擔任義工，還不足為奇；德蕾莎修女另外還成立了一個相當特別的群體——「患病和受苦的同工」。這些同工正是接受照顧與治療的病人與窮人。

你若以為，在疾病和患難中的人無法服事上帝，那就錯了。我們擁有最棒的武器——禱告，每個人都可以禱告，即便是窮人或病人也不例外。禱告是神給予每個人的天賦人權，只要誠心祈求，就能夠發揮巨大的力量。

這個組織是怎麼開始的？那是遠在一九五二年十月的事情了。

當時，德蕾莎修女在巴特納的聖家堂醫院照顧一位久病臥床的比利時婦人時，突然有個啟示，若是這些病痛中的人，願意成為她的精神會員，替她和修女們的工作獻出病痛和祈禱，那一定是很美的事情。於是，德蕾莎對這位比利時婦人說：「您在病痛中所能做的，比起我為窮人所能做的更有價值。您可以將您的痛苦為修女和我奉獻出來嗎？」

後來，德蕾莎一直和這位婦人保持聯繫，甚至在她回比利時後依然如此。婦人曾經對德蕾莎說：「我知道妳今後面對的事情非常艱鉅，妳得四處奔波、工作，我了解妳的處境，正如我所患的疾病和疼痛，以及將要接受的治療一樣十分痛苦。」

德蕾莎修女把病人與窮人視為寶庫，他們雖然因為身體的障礙而無法投入具體的服務，卻可以獻出自己的痛苦和禱告，成為仁愛修會的精神會員，參與更重要的代禱工作，為修會的工作禱告祈求。

唯有親身經歷病痛與苦難的人，才最能夠了解修會所服事的窮人和病患的肉體與心靈所受的苦與折磨。

德蕾莎修女深信，這些人是最能夠透過禱告，向神支取愛，補足弟兄姊妹間與神的欠缺。這些精神會員透過禱告，托住德蕾莎和修女們的事工。這些無形的服事和有形的服事一樣重要，同屬那賜人力量的上主。

修會的精神會員們，每個人必須在精神上認養一位修女或修士，以自己的病痛替這位修女或修士獻上，代承這位修女或修士的苦難。而修女或修士則要認養此人。精神會員彷佛修女或修士的替身，代為承受一切的病痛和苦難，以至於修女或修士可以不被疾病所困擾，專心致力於服事。精神會員和被認養的修女或修士，兩者則要視彼此為共同體，相互扶持，在主內連結，以不同的方式獻上自己，一同為主做工。

精神會員是修會的寶庫，透過這些人的代禱，穩穩托住了德蕾莎修女龐大的窮人服事工作。

## 第二十六章

# 世界上獲獎最多的人

不是我重要，
而是這項工作重要。

——德蕾莎修女

據統計，德蕾莎修女一生獲頒的榮譽或獎項約有八十餘項。如果你問德蕾莎為何能夠獲得如此多的獎項，她肯定會告訴你，不是因為她，而是因為上帝。上帝藉著獎項讓工作廣為人知並順利推廣，而獎項所附帶的獎金，則是最實際的幫助。

縱使獲頒這麼多獎項，德蕾莎修女也從不炫耀、不驕傲，更沒有保留過一面獎牌或任何獎金。一切的一切，她都完全獻給在神交付她的事業上。

德蕾莎修女自己是不願意接受任何獎項的，但她曾說，為了窮人的緣故，如果接受這些獎可以讓更多人願意幫助窮人，那麼她願意代替窮人領獎。德蕾莎修女曾在各種頒獎與公開場合，不只一次的說：「我只是窮人的手臂。」

德蕾莎修女到底得過哪些獎？讓我們一起來看看：

一九六二年獲頒印度總理的蓮花士勳章（Padma Shri）獎。

一九七一年一月，獲頒教宗若望二十三世和平獎。這是天主教仁愛類的最高獎項，而且德蕾莎修女是第一位獲得此類獎項的女性。同年九月，獲頒波士頓美國公教發展聯合會的「好撒馬利亞人獎」。同年十月，獲頒「國際甘迺迪獎」。

一九七二年十一月，獲頒尼赫魯「國際諒解獎」。當時的印度總理在頒獎典禮上讚譽德蕾莎修女是「基督愛的象徵」。在印度，人們尊稱德蕾莎修女為「天神的女兒」。

一九七三年四月，獲英國菲利浦親王頒贈「譚寶頓宗教促進獎」。

一九七四年，獲頒美國俄亥俄州的「慈母與導師獎」。此獎專門鼓勵社會服務之婦女。同年，美國聖方濟第三會頒給她「和平獎」。

一九七五年十月，聯合國農業與供養組織頒給她「史懷哲獎」，表彰她在幫助世界窮人與解決飢餓上的貢獻。

一九七七年，獲頒「開普敦基金獎」，此獎以獎勵宗教發展為主。同年，菲律賓總統授與她「麥格塞塞國際諒解獎」，推崇為亞洲最值得尊敬的婦女。

一九七八年三月，獲頒羅馬巴爾札恩獎（Balzan Prize）。同年，獲頒美國公教大學「主保獎」。

一九七九年十二月十日，獲頒人類獎項中的至高榮譽——諾貝爾和平獎。委員會認為：「德蕾莎修女成功的彌平窮國與富國間的鴻溝，以尊重人類尊嚴的觀念，在兩者之間搭起一座橋樑，克服世界窮困，做出巨大貢獻。」

另外，德蕾莎修女還獲頒印度最高文官獎「寶石獎」。英國伊麗莎白女王二世「勳位獎」。美國總統「自由獎」。美國「艾森豪獎」。聯合國教科文組織的「和平教育獎」。阿爾巴尼亞甚至設立「德蕾莎獎」，獎勵從事慈善事業與施行和平人道的傑出成就者。

至於德蕾莎修女獲頒的榮譽頭銜，總計有：

一九七一年十月，美國華盛頓大學人文榮譽博士

一九七五年十一月，加拿大沙勿略大學法律學榮譽博士

一九七七年六月，劍橋大學神學榮譽博士

一九七九年一月，印度巴特納大學榮譽博士

一九九三年，香港大學榮譽博士

一九九四年十一月，臺灣靜宜大學榮譽博士

一九九六年，美國總統贈予德蕾莎修女美國榮譽公民的身分。到德蕾莎修女為止，僅有五人獲得此項殊榮。

即便獲得這麼多獎項，德蕾莎修女仍然謙虛自己不過是上帝手中的一枝鉛筆，這一切都不是她的成就，而是神的工作。德蕾莎修女不但謙虛，更發自內心的深知是誰在這一切當中掌權作王。

時代週刊曾以一篇〈活在我們中間的聖者〉，報導德蕾莎修女的工作。許多人尊德蕾莎修女為「活聖人」。

即便獲得如此多的獎項和榮譽，德蕾莎修女不曾一天停止過她的窮人服事和工作，也不曾因為這樣而調整作息或改變節奏。

德蕾莎修女清晨四點半就起床，默想和晨禱。

六點，參加清晨彌撒。然後進行生活雜務的勞動，例如打掃廁所、庭院等等。

七點半吃早餐。

八點鐘，開始服務工作。有時去瘋瘋病院，有時去臨終之家，有時去棄嬰之家，有時去貧民窟或醫院、學校。每天她可能去不同的服務處或收容中心，但都是去探望窮人、病人。

中午吃飯，然後午休半小時。

下午參加一小時的禱告會，然後讀經、處理會內行政事務、接待客人。她沒有專屬的會客室或辦公室，多半在教堂外的走廊上接待客人。

晚餐結束後，依然是個人雜務的處理。在仁愛修會，自己的衣服必須自己清洗，晾乾收拾，沒有人代勞。接著參加聚會，並以晚禱結束一天的公開行程。

晚上十點後，處理來自世界各地的信件，直到深夜。

對德蕾莎修女來說，活著就是為了服事窮人，禱告就是愛，將愛付諸行動就是各項的服事。因此，服務窮人若沒有愛，是毫無意義的。最重要的是，在服事中才能夠與窮人分享神的恩典。

我們既不說，也不誇。我們只是做。

有一次，德蕾莎修女正準備前往參加一場世界性反飢餓大會，在會場外卻發現一個老人餓倒在路邊。德蕾莎立刻改變行程，帶老人回到修會，也沒再去會場。德蕾莎修女事後說：「搶救一個飢餓的老人，比參加反飢餓大會更重要。」

一場看不見飢餓存在的反飢餓大會，一個看不見路邊窮人的社福機構，都不是為了愛而做，而是為了做而做。

# 第二十七章

## 全世界一齊哀傷的日子
## ——一九九七年九月五日

那我就可以回家了。

——德蕾莎修女

德蕾莎修女穿著那雙涼鞋、那件滾藍邊的白色紗麗，在世間行走，一生為窮人四處奔波，數十年如一日，一日不得閒，但她樂在其中，並不引以為苦。即便疾病纏身、身體孱弱，心心念念的，依然是世界上的窮人。

德蕾莎修女沒有用美白保養品，但她的心比誰都純潔無瑕；德蕾莎修女從不護膚，更別說化妝，但全身上下散發的光彩奪目，令人動容。

德蕾莎修女雙手皸裂、雙腳浮腫發炎，駝背彎腰，步履蹣跚，絕無世人所定義的佳形美容，但有誰敢說自己比德蕾莎更美？

步入老年的德蕾莎修女，滿佈皺紋的臉龐和雙手，病痛纏身的身軀裡，藏著偉大的靈魂，一切都見證神的恩典與榮耀。

一九八六年，德蕾莎修女罹患白內障，在紐約接受眼科手術，摘除一顆眼睛。

一九八九年因為勞累過度，心臟病和關節炎纏身，病症之嚴重讓她雙腿變形。同年德蕾莎修女在加州接受心臟手術並安裝了一部電子心臟。心臟病所引發的咽喉炎，讓德蕾莎修女的身體遭受巨大折磨。

一九九〇年，德蕾莎修女以身體困頓為由，辭去仁愛修會會長職務。但不曾一天停止工作，反而更加倍來往奔波於世界，為窮人服務。

一九九〇年九月，卸下職務不到一年，在修會修女們的堅持下，又重新走馬上任，擔任會長。這一年，德蕾莎修女已經八十歲了。

一九九一年一月，波斯灣戰爭爆發，德蕾莎修女寫信給交戰雙方的總統，為所有在戰爭中受難的人民祈求和平。信中有一段寫道：「上帝創造我們，是要我們被祂的愛所愛；而不是被我們的仇恨所毀滅。」

一九九六年八月，曾經十天內連續三次心臟病發作，甚至一度心跳停止，在醫生搶救之下才挽回性命。但是沒多久，孱弱的身體又得了肺炎、天花、腦血栓、慢性腎病，每天得接受三次人工輸氧。

即便病情如此嚴重，德蕾莎修女卻不肯配合治療，嚴禁修女們聘請醫生，或者視醫生的處方為無物，不肯吃藥，然後繼續工作。德蕾莎修女不是個好病人，她甚少按時服藥或聽從醫生指示，她寧願把病痛獻給上帝。

當身體病痛超過身體所能忍受而送醫急救時，德蕾莎修女總是告訴醫生：「讓我像我所服事的人一樣死去。」

德蕾莎修女並不害怕死亡，她認為死了就可以回家了。那是一種打從心裡相信上帝的幸福和純粹。對德蕾莎來說，死亡不是終點，而是永恆生命的起點，回到天家與天父相聚。

一九九七年，尼爾瑪拉修女正式接替德蕾莎修女，擔任仁愛修會的會長。她出身印度剎帝利階級，但卻毅然決然拋棄尊貴的身分，進入種姓制度底層的不可觸摸者，終身為窮人服務。

一九九七年八月，德蕾莎修女揹著氧氣筒，前往羅馬，接受教宗祝福。然後，馬上轉往美國參加一場宣誓典禮。

八月二十六日，德蕾莎修女八十七歲壽辰，修女們替她舉辦了一個歡慶大會，全世界各國政要紛紛發電報祝賀。

然而，再多的祝福和祈求，都無法留住身體孱弱的德蕾莎修女回家的腳步。

一九九七年九月五日，這一天加爾各答連夜傾盆大雨。晚上九點三十分，德蕾莎修女因心臟衰竭，在加爾各答仁愛修會總部辭世。她回家了，回到了天父的懷裡，報告她一生在地上所做的「小事」。

仁愛修會第二天發出訃聞：「敬愛的姆姆（天主教對年長修女的尊稱）蒙主寵召回歸天家。」

每個人都知道她是回家了，卻還是忍不住的哭了。每個人都流下了眼淚，那是不捨與悲痛的眼淚。

當加爾各答發布德蕾莎修女過世的消息，成千上萬的人們冒著大雨，湧向仁愛修會總部。他們裡面有天主教徒、基督徒、印度教徒、伊斯蘭教徒、佛教徒……，許多人在大雨中嚎啕痛哭，彷彿喪失至親所愛。

大雨一直下，但卻沒有人離去。所有人都佇立雨中，只為了能夠向德蕾莎修女獻上鮮花或者看她最後一眼。

九月六日，印度各大媒體紛紛以大篇幅報導德蕾莎修女過世的消息，印度陷入一片哀傷。印度內閣緊急召開會議，宣布進入國殤，並下令全國降半旗兩天，政府機關停止辦公。宣布九月十三日舉行國葬。緊接著，全世界各大媒體紛紛報導這個令人哀傷的死訊，各國政要紛紛發電報哀悼。

九月七日，德蕾莎修女的靈柩移往聖多馬教堂，接受公眾瞻仰告別活動。一共七天，總計一百多萬人前往弔祭德蕾莎修女。這些人不分種族、宗教信仰、膚色、社經地位，僅僅是為了來送他們心目中最偉大的德蕾莎修女最後一程，連遠在羅馬的教宗，都親自主持一場追思彌撒。教宗在彌撒裡說：

在我記憶中，她那矮小的身軀，一生為服務赤貧而彎曲的身形，是活著的。這個身軀被一種不竭的內在力量所充滿，那就是基督的愛。她所做的善行，影響了許許多多的人，使他們立志拋下一切，為生活在窮人中的基督服務。她的工作是以每天清晨在聖體前的默禱開始的，在凝神靜默中，這位加爾各答的修女，聽到耶穌在十字架上呼喊「我渴」。她把這個呼喊藏在心裡，然後走向加爾各答和全世界所有荒僻貧窮的角落，在苦難的窮困人身上尋找耶穌。

這位舉世公認的窮人之母，為所有人樹立了一個榜樣，向我們見證了上主的愛。她接納了這份愛，然後把她的一生，轉化成一份禮物，奉獻給人類。她使我們知道，就算在艱難險阻的時刻，只要有愛，人生仍然是有價值的。

九月十三日的國葬驚動全世界媒體，前來加爾各答的記者不計其數，現場轉播者就有數十家各國電視台。

典禮在溫塔基體育場舉行。九月十三日上午，當德蕾莎修女的靈柩要從聖多馬教堂移往體育場之前，加爾各答的人們自動把這條長達七公里的道路，以及兩旁洗刷得乾乾淨淨，為的就是恭送德蕾莎修女最後一程。

十點三十分，八名印度軍人肩負著德蕾莎修女的靈柩，在儀隊的護衛下緩緩步出教堂。三位身穿天主教禮服的男孩，高舉十字架和蠟燭，在前面引路。

飾有金色十字架的水晶靈柩，被安放在一座灑滿白色蓮花的特製炮架上，德蕾莎修女還是穿著她那件滾藍邊的白色紗麗，只是胸前多了一面印度國旗。

數以百萬計的印度人民，以及來自世界各地的人們、德蕾莎修女的家人們，就是那些窮人、乞丐、孤兒寡母、痲瘋病人、殘障者與無家可歸的人，一起走在送葬隊伍的後頭，送德蕾莎修女最後一程。

前來參加德蕾莎修女葬禮的有印度總統和印度總理，以及來自世界各國的四百多位政要，包括三位女王和三位總統。羅馬教廷也以國務卿索達諾樞機主教為首，率駐印大使喬治祖爾總主教，組織代表團前往參加。

在印度史上，只有聖雄甘地與印度國父尼赫魯有過這等規格的待遇。印度總統以「失去母親的人民」向德蕾莎修女致哀，盛讚其為世間少有的「慈悲天使」。印度總理則說德蕾莎修女是「光明與希望的象徵」，她抹去了千千萬萬受苦者的眼淚。她偉大的一生給印度帶來巨大的榮耀。

在德蕾莎修女去世六年之後，教宗列德蕾莎修女為「真福」。在二〇一六年九月四日，德蕾莎修女被冊封為聖徒。

德蕾莎修女的一生，讓我們看見在這個種族與宗教衝突不斷的世界，還是有相互關懷、包容體諒、尊重信任的可能性存在。

德蕾莎修女要我們謹記，窮人也是有尊嚴的。她的一生，便是盡其所能地維護窮人的尊嚴，並顯明於世人這一件「小事」上度過的。

附錄

# 德蕾莎修女大事年表

德蕾莎修女過世至今（二〇一七年）已經二十年了，但她從來不曾被遺忘。許多人感念德蕾莎修女的作為，除了直接或間接的受惠者外，世界上還有千千萬萬被德蕾莎修女所喚醒的種子，接手她的工作，繼續尋找被遺棄的窮困缺乏，給予安慰，恢復他們的尊嚴。

## 帶給世界希望與愛

一九一〇年八月二十六日，愛愛格妮斯誕生在馬其頓共和國首都斯科普里。

一九二二年時，愛格妮斯第一次感受到上帝的呼召，要她今生以佈道宣教為職。

一九二八年，愛格妮斯宣教的呼召又再次響起。九月二十六日，以前往印度宣教為入學要件的愛格妮斯，前往愛爾蘭首都都柏林。在兩個月的英語訓練後，十二月一日前往印度。一九二九年元月六日抵達加爾各答，隨後前往大吉嶺展開宣教見習工作。

一九三一年五月二十四日，愛格妮斯宣誓加入羅雷托聖母院，並改受洗聖名愛格妮斯為德蕾莎。因為愛格妮斯認為聖小德蕾莎（小德蘭）修女（一八七三—一八九七，世人稱為「耶穌的小花」）是她的效法典範。

一九三一年到一九三七年，在加爾各答的聖瑪莉教會學校擔任地理與歷史教師。

一九三七年五月二十四日，德蕾莎成為終身職神職人員，並成為聖瑪莉教會學校教務部主任。

一九四六年九月十日，德蕾莎再度感受到上帝的呼召，要她去服務窮人。德蕾莎修女後來稱此日為「天主靈召日」。

一九四八年八月十六日，德蕾莎修女離開修道院，脫下修道院制服，到了加爾各答街上，做了一件白底藍邊的紗麗，投入貧民窟中，開始上帝所交付的使命；同年，德蕾莎修女申請並獲准成為印度公民。

一九四九年三月十九，德蕾莎修女第一次有了跟隨者，名叫蘇巴希妮達絲，是德蕾莎修女以前的學生。而她也是現今仁愛修道院中第一位擁有宗教勳章的修女。

一九五〇年十月七日，羅馬教廷特准成立仁愛傳教修會。

一九五二年，第一個垂死之家在加爾各答正式啟用成立。

一九五三年，仁愛會總會正式成立。

一九六二年，印度政府頒授「蓮花士獎章」給德蕾莎，東南亞國協則授以「麥格塞塞獎章」。

一九六五年二月一日，仁愛會獲得正式許可，得以在全世界成立分會。此時，仁愛修會已有三百名神職人員，其成員多來自印度與東歐。

一九六九年三月二十六日，仁愛會志工組織正式成立。

一九七〇年，德蕾莎獲頒美國「好撒馬利亞人獎」，英國的聖堂獎。

一九七一年，仁愛修院已有五十餘個分會，獲頒梵諦岡的「教宗若望二十三世和平獎」。

一九七二年，德蕾莎的母親過世。

一九七四年，德蕾莎的姐姐病故阿爾巴尼亞。

一九七九年，德蕾莎獲頒「諾貝爾和平獎」。德蕾莎所得各式獎章獎金，均全部投入窮人工作，未曾替自己留下一分一毫，獎章也全數變賣。

一九八〇年後，仁愛修會陸續設立分會。一九八一年成立十八個，一九八二年十二個，一九八三年十四個，是當代天主教修會成立擴展最快速的一個。

一九八五年一月，德蕾莎修女來台訪問，會見蔣經國總統。

一九八五年四月，《美國新聞與世界報導》雜誌在全美青少年「當前世界你最崇拜的人物是誰？」票選結果，其中之一便是德蕾莎。

一九八六年起，許多禁止傳教的國家，都邀請仁愛修會進入設立據點。像是衣索比亞、南葉門、尼加拉瓜、古巴、俄羅斯等。

一九八六年二月，教宗若望保祿二世前往加爾各答探望德蕾莎，並巡視仁愛修會工作。

一九八八年五月二十一日，仁愛修會在梵諦岡教廷的羅馬市所在設置了一個收容中心。為紀念馬利亞年，此中心取名為馬利亞賀禮。

一九八八年到一九八九年間，德蕾莎兩度因心臟問題入院。

一九九〇年八月十六日，被迫取消退休，再度被選為仁愛會總監。

一九九三年，德蕾莎忍受身體病痛接受北京當局邀請，在十月前往訪問。

一九九四年，德蕾莎參加美國華府的全國祈禱早餐會，並在柯林頓總統與數千人面前發表演說，報告生平並祈求世界和平。

一九九六年四月，德蕾莎從床上摔落，鎖骨斷裂，送入醫院。

一九九六年，美國總統柯林頓給予德蕾莎美國榮譽公民身分。柯林頓說：「德蕾莎修女帶給世界各地數百萬孤兒棄嬰，不僅是希望，還有愛。」

一九九七年三月，尼爾瑪拉修女成為德蕾莎修女的繼任人。

一九九七年，德蕾莎院長獲頒「美國國會榮譽金質獎章」。
一九九七年九月，德蕾莎心臟病發，在加爾各答住處離開人世。
二〇〇三年十月十九日，德蕾莎修女被列為真福。
二〇一六年九月四日，被天主教教宗方濟各冊封為聖徒。

附錄

# 德蕾莎修女大事年表

# 參考資料

## 書籍

愛德華・勒・裘立、賈雅・查理哈編，《聖母德蕾莎講故事》，晨星
Lucinda Vardey 編，《一條簡單的道路》，立緒
華姿，《在愛中行走：德蘭修女傳》，山東畫報出版社
錢莉，《一雙溫暖的手：德蕾莎修女》，三民
李曈、亞澍，《德蕾莎修女》【漫畫版】，校園書房
鄭清榮，《德蕾莎》，台灣東方
朱秀芳，《德蕾莎》，聯經
陳啟淦、陳學建，《愛的天使：德蕾莎修女的故事》，文經社
德蕾莎修女，《永不停息的愛》，新路

德蕾莎修女，《愛無止盡：德蕾莎修女的叮嚀》，新路
德蕾莎修女，《世界之心：德蕾莎說故事》，《沉思與祝福》，新路
李家同，《讓高牆倒下吧》，聯合文學

## 電影

加爾各答的天使：德蕾莎修女─電影版

## 網站

維基百科─德蕾莎修女
〈為窮人中的窮人服務〉 http://www.cathlinks.org/mteresa.htm

主流人物系列 3

# 以愛領導的德蕾莎修女

編　　著　　者：王樵一
社長兼總編輯：鄭超睿
編　　　　　輯：馮真理、張惠珍
封　面　插　畫：劉聖秋
封　面　設　計：黃聖文

出　版　發　行：主流出版有限公司 Lordway Publishing Co. Ltd.
出　　版　　部：臺北市松山區南京東路五段 123 巷 4 弄 24 號 2 樓
發　　行　　部：宜蘭縣宜蘭市縣民大道二段 876 號
電　　　　　話：(03) 937-1001
傳　　　　　真：(03) 937-1007
電　子　信　箱：lord.way@msa.hinet.net
郵　撥　帳　號：50027271
臉　　　　　書：https://www.facebook.com/lordwaypress

經　　　　　銷：
紅螞蟻圖書有限公司
地址：臺北市內湖區舊宗路二段 121 巷 19 號 1 樓
電話：(02) 2795-3656 傳真：(02) 2795-4100
以琳發展有限公司
地址：香港九龍灣啟祥道 22 號開達大廈 7 樓 A 室
電話：(852)2838-6652 傳真：(852)2838-7970
財團法人基督教以琳書房
地址：臺北市忠孝東路四段 210 號 B1
電話：(02) 2777-2560 傳真：(02) 2711-1641

2017 年 2 月 初版 1 刷
書號：L1701

ISBN 978-986-92850-5-6　（平裝）


國家圖書館出版品預行編目 (CIP) 資料

以愛領導的德蕾莎修女 / 王樵一著 . -- 初版 . --
臺北市 : 主流 , 2017.02
面 ;　公分 . -- ( 主流人物系列 ; 3)
ISBN 978-986-92850-5-6( 平裝 )
1. 德蕾莎 (Teresa, Mother, 1910-1997)　2. 天主教傳記

249.9371　　106001059